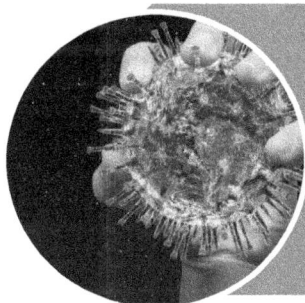

新型冠状病毒流行时期之写照

中文版

苏明采

Alicia Su Lozeron

内容介绍

　　<u>新型冠状病毒流行时期之写照</u>收藏作者
有关于此病毒流行时期世界各区人们生活情
景和写照之各类文章。 在强调全球人类受难、
遭遇痛苦和挣扎的同时，Alicia Su Lozeron/
苏明采老师展现一个非常宝贵的界面，让世
人了解本身必须以同情与坚韧的心态来战胜
疫情、达成全球的和平和进步。试炼和磨难
可能会让世人疲惫不堪，但事实证明，人性
乃是坚强上进的，人们将能够坚持积极的学
习和进步，以正面的成绩作为这个困难时期
的学习成果。

　　本书所收集的文章目标在于提高人们对
于全球文化及本土文化的认知和智识，以便
连结世人。多年研究和分析事实以及介绍跨
文化性的经验，使得苏老师的作品独具一格、
发人省思。

通过她的文书管理旅游咨询公司、Asia-America Connection Society 亚美合作协会,苏老师促进世人对世界的了解、提高文化智识,并且促请东西人士客观看世界、加强全球文化能力。 在病毒流行的艰难时期,她所提倡的为获得全球文化能力而须有的温和宽容或同情心变得尤为重要。她意识到她的工作仍处于初期阶段,在病毒流行期间、倡导一个有意义的全球联盟实需持续的努力,而此种全球合作的精神是绝对必要的。

对自己而言,苏老师的工作是一种个人的实现,而对世界来说,她的工作极为吻合地球村的需求。作者的文化事业便是她的使命和愿望。在辛勤沟通和创作时,她获得了很大的满足感。精通东西文化的苏老师希望能教育世界,在介绍各国人民和各种文化之间的各种美妙共通处及差异点时、她鼓励世人拥抱全球村,活出自己身为世界公民的亮丽生命,享受宏伟地球给予世人的美好景致。

Alicia Su Lozeron/苏明采老师倡导文化之间相互的理解和合作。她的议题对于您的公司或个人的成就来说是至关重要的。在商业、文化、教育或娱乐的各个层面上，她的作品皆能提供您无价的洞悉力。以下是读者或客户自苏老师作品中所得的益处：

•帮助我克服种种困难或恐惧，并以正面的沟通方式来建立人际关系；

•帮助我理解不同背景的人，并扩展有关世界的知识；

•帮助我了解不同种族或混合式的家庭关系；

•帮助我在面对生命重要议题时，品尝复杂的情感和情绪；

•帮助我获得阅读的乐趣；

•帮助我认识做人处事的观点 -- 希望、勇气和对他人的尊重；

•帮助我提高全球文化能力；

•帮助我培养一种良好的全面性全球展望观；

•鼓励我提倡开放/公正的社会；

•敦促我发展多元化的观点来观察大世局；

•帮助我加强表达真爱的能力；

•帮助我减少冲突，学习以信任的态度来解决世人分歧…。

"Think Global Live Noble 思考在全球，生活要崇高！" -- 让我们一起构建美好的世界!

Alicia Su Lozeron 苏明采作品一览--

The Un-death of Me: Life of an Asian American Woman 不亡之我
(2016, 英文版，跨越文学分类的自传兼小说)
Asia-literacy and Global Competence: Collections and Recollections 亚洲智识与全球文化能力
(2017, 英文及中文两版)
Global Competence Revisited
全球文化能力再论
(2019, 英文及中文两版)
Writings in the Time of Coronavirus
新型冠状病毒时期之写照
(2021, 英文及中文两版)

即将出版 --
A Man with Immense Love 一个博爱的男人
（英文版）
The Un-death of Me: Life of an Asian American Woman 不亡之我
(中文版，日文版，西班牙文版 -- 由专业翻译工作队合作推出)

我将这本书献给我在探索世界和获取知识
路途中所遇到的专业人士、朋友、同事、
世界公民和旅客。 也献给在病毒流行期间同
舟共济的每一位朋友。

促使我思考内在自我和外在世界的人们
出现在本书收藏之文章或故事中的许多层面。
有了他们的支柱，
我所了解的世界才得以构建。
有了他们的存在，
真实或虚构的世界才得以
展现其美丽的复杂性。
有了他们，
才有此书。

纽约, 拉斯维加斯, 洛杉矶, 温哥华, 多伦多, 伦敦,
悉尼，奥克兰，北京，台北

Asia-America Connection Society

亚美合作协会

Writings in the Times of Coronavirus 新型冠状病毒时期之写照

Writings in the Times of Coronavirus
新型冠状病毒时期之写照

中文版

苏明采

Alicia Su Lozeron

　　我们必须从流行病毒封闭危害世界的经验中来努力学习、我们必须检视新型冠状病毒对全球化的影响并重新调整相关策略：贸易、旅行、流动、经济、食品、供应链、资源、就业、教育、娱乐、体育和医疗保健系统 -- 人类生活的种种层面。我们必须牢记教训。

通过地方、州政府和联邦政府各级的合作，采用整体方法来打击种族歧视、治理对亚裔美人的仇恨罪犯行为 -- 但愿社会将得以干预并纠正一些人偏激和异常的想法！

无处不在的数字社交和通信引发了对数字媒体使用的监管方面进行深入研究的必要性，包括它们对政治、新闻、公共服务、娱乐、游戏、电子商务、教育、医疗保健、科学或医疗传播以及其他领域的影响。

-- Alicia Su Lozeron 苏明采

内容目录

介绍

1. 新型冠状病毒对全球化世界之影响

　　全球化的文化动态暗示着对世界的广泛、快速影响力。虽然全球化的层面主要是在于支持金融、经济以及工业、科学和技术发展方面的全球合作之积极动力，但全球化的过程也带来了令人质疑和不公正的扩张或殖民主义。随着爱滋病毒、猪流感、疯牛病、急性呼吸系统综合症、流感以及目前的新型冠状病毒的爆发，有些人对全球化的趋势越加批评和怀疑。新型冠状病毒大流行确实是发人深思 -- 世人必须审视关键问题：我们为什么必须确认、并如何确保全球化对人类是有利而无害的？

　　显然，全球化的趋势是不会因为病毒流行而消失的。正如人类学家阿帕杜赖（Appadurai）所指出："尽管许多国家皆专注于紧闭边界、并极度利用其医疗资源将其公民的健康放在首

3

位，但各国却未采取任何实质的行动来取消或扭转其全球联盟、利益和策略。"事实上，国与国之间相互合作来应对流行病毒是不可避免的、全球化的策略也是战胜病毒的关键所在。新型冠状病毒猖獗的蔓延实际上已促使人们重新思考、从而重塑一个驾驭全球化和反全球化压力而持续存在的世界。全球化和反对全球化的意识将带来新的机会和挑战，为世界复苏铺平道路并促进国际流动。

如此说来，世人在下一轮相互联系的活动中，将如何进行全球化来展望人类命运的新曙光？答案乃在于经验学习 -- 我们必须从流行病毒封闭危害世界的经验中来努力学习、我们必须检视新型冠状病毒对全球化的影响并重新调整相关策略：贸易、旅行、流动、经济、食品、供应链、资源、就业、教育、娱乐、体育和医疗保健系统 -- 人类生活的种种层面。我们必须牢记教训。

《华盛顿邮报》的专栏作家法伊奥拉先生说道："全球化的黄金时代带来了繁荣，但也引发了世人狂妄自大的心态。"在 1990 年代，全球化趋势大为风行，其旨意乃在通过城市化和世界的相互联系来保证经济和文化的增长。全球化创造了许多机会并加强了人际交往。然而，全球化的世界却从未结束仇外心理或减少弱势群体收到边缘化的现象。许多右翼民粹主义者正在利用新型冠状病毒危机来煽动种族主义、并进一步诱导人们的偏见（放眼看看美国2020年的选举活动、以及巴西和印度的政治生态，就能找到许多令人咂舌的实例）。

事实证明，在 2000 年代后期，由于世人之过度支出、疯狂借贷、以及缺失不全的金融工具和监管系统，世界目睹了房地产和金融市场之巨大泡沫的破灭。繁荣的梦想和目标如未经过详细策划，就会耗尽个人储蓄和国家资金。

世人当今渴望回复正常、而世界也将快速再次开放。个人、公司和世界各国将返回彼此合作、开展联系业务。但我们针对全球化议题的工作态度、消费、投资、社交、旅行和合作的方式已经永远改变了。事实上，正确的改变是非常需要的，这场战斗将在新型冠状病毒时代之后持续进行。

国与国之间相互合作来应对流行病毒是不可避
免的、全球化的策略也是战胜病毒的关键所在。

(原载 https://aacs.website/wp-
content/uploads/2021/06/CNAACSNL6.9.21.pdf)

2. 谨防民族主义的谬误

时值白人至上主义者因恐惧并怨恨其在多元化社会中的势力衰退而大力捍卫种族歧视性之言论和攻击，时值不平甚至残狠的政策建立而证明了保护主义胜过人道主义原则，时值白人恐怖主义在美国肆虐之际 -- 重新审视民族主义、并辨别其对世界的影响实为至关重要。民族主义可能与爱国主义有关，对自己的国家、文化、种族、价值观或成就感到自豪。它可能导致民族优势情结或更极端地成为某些人认为本身至高无上的理由。民族主义倡导发展国家基础设施和经济，为工作、力道和成功提供动力。另一方面，由于偏向孤立主义和自身利益，民族主义可引发人们对全球社会的疏离感，并基于财力、种族、宗教或社会地位对个人进一步进行分离。民族主义之严厉形式能导致集团派系、种族群体或国家之间的战争与分歧。

如果不仔细考虑平衡民族主义观点，人们将目睹更多现代美国的悲剧，白人民族主义正在增长、而容忍度也极度降低，多样的美国社会已呈现破裂状态。抵档外人或移民之偏颇程度可能导致人与人之间的仇恨并煽动危险的灾难。阿尔伯特·爱因斯坦在他有生之年决定："民族主义是一种像似婴儿般的幼稚病态。它是人类的麻疹。"他还宣称："我反对任何民族主义，即使只是以爱国主义为幌子也会带来思想偏差。基于地位和财产特权来裁判他人在我看来总是不公正和有害的，就像任何夸张的个人崇拜一样。"历史上充满了验证爱因斯坦言论的例子。像希特勒的德国领导人制定了反犹太法律，向人们洗脑灌输不平的概念，其残杀民族实例乃为人类历史上最严重的种族灭绝惨案之一。

每个负责任的公民皆有一项迫在眉睫的任务：谨防民族主义的谬误，谴责危险的民族主义运动或趋势，通过学习美国根深蒂固的仇恨情结来避免新的种族仇恨。2017 年 8 月 11 日至

12 日，来自全美各地的 600 名极端分子参加了在维吉尼亚州夏洛茨维尔举行的白人至上主义者之"团结右翼"集会。其致命的暴力结局并未"拯救"白人之种族（实际上白人并不需要拯救），而只是煽动了种族罪犯和无法形容的敌意。根据 ADL 的报告，"白人至上主义者近年来杀死的人数超过任何其他类型的国内极端分子（占据过去 10 年中所有与极端主义有关的谋杀案的 54%），也是国内恐怖事件的一个令人不安的来源（过去五年内发生 13 起袭击事件）。"白人恐怖主义大规模枪击事件，例如 2019 年 8 月德克萨斯州埃尔帕索的事件，正在展示惊人的社会趋势。如果现在不是回顾历史教训的时候，那么何时才是人们该觉悟之时？

　　每个负责任的公民皆有一项迫在眉睫的任务：谨防民族主义的谬误，谴责危险的民族主义运动或趋势，通过学习美国根深蒂固的仇恨情结来避免新的种族仇恨。

　　白人民族主义可能与"白人至上主义"不同，但所谓的白人"民族主义"具有生活在白人纯种之社会的不切实际的愿望，可能同样具有误导性、其中之谬误不容忽视。虽然人们可以认同这种意识形态，但人们需要认识到，种族主义不应导致对于其他人种的恶性排斥。事实上，种族同质的社会根本不存在，也不需要

10

以死亡或残杀他人来保卫。当今时代的企业应该着重于寻求解散和解决多样社会的冲突和分歧，或者任何社区中所存在的任何此类差异所带来的问题。无论是同质的还是异质的社会皆有人与人之间的不同。种族或国家的边界不需要、也不能仅仅为否定人们之存在本质而建立。界限设立的最佳方式：发扬人类之勇气、正直和人道精神来联系世界。

(原载 https://aacs.website/wp-content/uploads/2019/08/CNAACSNL8.5.19.pdf)

3. 中秋节 － 新型冠状病毒流行前之聚会

农历八月十五，即秋分之际的满月日，标志着中秋佳节，乃是东亚和东南亚最重要的节日之一。中秋节期间，家人会团聚在一起来观看年度中最圆满的月、吃月饼、玩赏照明灯笼、庆祝秋收节气。

中秋节起源于中国古代对于月亮的拜祭，人们举办盛大的盛宴来庆贺丰收，其中故事累累，令人深思。传说中一位无畏的中国射手后羿击落了九个太阳来保护世界。他因而获得了来自天堂的灵药。

后羿的妻子嫦娥喝了长生不老药，漂浮在月球上。在每年月中秋园当天，后羿希望能够瞥见他妻子的影子而守夜。现在人们聚集在一起观看月亮，寻找嫦娥、以及玉兔之影（玉兔是中国传说中伴随嫦娥的传奇兔子）。最值得注意的是中秋月饼切分给家人和朋友分享，用于纪念这一场合，而家庭成员不论身在何处，总能对同一完美的月亮表示同样的敬畏和钦佩。如此一来，人人皆能同聚，天涯海角，共赏明月。

家庭成员不论身在何处，总能对同一完美的月亮表示同样的敬畏和钦佩。如此一来，人人皆能同聚，天涯海角，共赏明月。

(原载 https://aacs.website/wp-content/uploads/2019/09/CNAACSNL9.14.19.pdf)

4. 和平战士 – 甘地精神再视

甘地出生于 1869 年 10 月 2 日，是印度非暴力斗争的精神领导人，其一生宗旨乃在以和平的方式脱离英国而独立、并以和平的方式统一印度。身为一个和平的战士，甘地似乎早已预见回教徒和印度教徒之间的矛盾，其中存在无法避免的不稳定的宗派紧张关系。这种斗争一直持续到今天。2019 年 10 月，当许多世界领导人致敬于甘地 150 岁生日之时，甘地的肖像据报道已被摧毁。令人惋叹的是，警方必须针对甘地的袭击者进行调查。

该案声称"袭击者指责、并损害国家和平一体的景象"，"蓄意侮辱，意图挑起破坏和平的行为"，以及"煽动公众、发表恶质的言论"。此案在在显示并非人人皆崇拜促进印度各宗教团结统一的甘地。1948 年 1 月，印度极端分子纳图拉姆·戈斯在印度摆脱英国殖民统治后不久暗杀了这位和平斗争领袖。 有史以来，关于意识形态或宗教差异的斗争就一直存在，而之中的争议往往不是非常和平。

关于和平、非暴力、诚实和正直的生活教训是重建一个健康社会的基础。

当今人们应该重新研习甘地的教导，不仅为了我们年轻一代，也是为了那些偏离文明或盲目封闭的人。关于和平、非暴力、诚实和正直的生活教训是重建一个健康社会的基础。"作你自己希望在世界上看到的变化" -- 甘地有教--人们必须以身作则、先改变自己、再来教化世界。当我们反思自己的弱点和能力时，便可以成长为圆融成熟的公民。当我们改变自己，成为世界更好的人的版本时，也许世界对所有人而言便可以成为一个更美好的园地。

(原载 https://aacs.website/wp-content/uploads/2019/10/CNAACSNL10.10.19.pdf)

5. 燃烧的亚马逊

十多年来，人们一直在放火燃烧亚马逊雨林来养牛。砍伐森林也与林业、大豆、造纸和棕榈的商业活动有关，但养牛业占据砍伐量的 80%。称其为进步，或者贪婪和无法无天 -- 无论您的看法如何，人人皆知晓巴西亚马逊熊熊燃烧的大火将造成严重的生态威胁。

2009 年，巴西最大的三个肉品包装公司 JBS、Minerva 和 Marfrig 与环保绿色和平组织（Greenpeace）签署了一项协议，同意将不从新砍伐森林地区的牧场购买牛只。但是此协议在业者操纵复杂的供应系统情况下只得以部分实现。

根据耶鲁大学林业学院的估计，大约有 173,746 平方英里的森林（相当于加州，加上马萨诸塞州和新泽西州的面积）已转变为牛牧场。牧业在巴西每年创造超过 60 亿美元的出口收入，并创造约 360,000 个就业机会。由于供应商可能会多方买卖牲畜，将牲畜直接卖给屠宰场的牧场并不是牛只转卖之唯一场所，所以大部分将牲畜直接卖给 JBS、Marfrig 和 Minerva 的亚马逊牧场基本上都是中间人。威斯康辛大学的数据显示，那些中间商聚集了来自监管不佳的各种农场的牛，此种供应链已经使"洗牛"现象变得普遍，并为实现绿色和平协议创造了障碍。绿色和平组织于 2017 年退出了该协议。

我们可能会目睹更多的森林大火和进一步的森林砍伐。亚马逊一直在烧，并且在可预见的将来绝不熄火。

在绿色和平组织之后，巴西联邦检察官与另外 13 个国家肉类包装商签署了一项协议，允许联邦执法人员监视其牲畜来源，从而促使屠宰场放弃与砍伐森林的牧民联系。最终，包括三大屠宰场在内的约 100 家公司皆签署了协议。随着肉类包装公司建立了监控供应商的协议，看房情况确实改善。另一方面，国内外放牧的新土地数量有限，对牛肉的需求增加。结果是洗牛活动激增，难保绿色和平协议。

目前，没有一家肉类包装公司在努力追踪其供应商。此外，在右翼政客掌权的情况下，促进经济优先于其他环保议程。将来，我们可能会目睹更多的森林大火和进一步的森林砍伐。亚马逊一直在烧，并且在可预见的将来绝不熄火。

(原载 https://aacs.website/wp-content/uploads/2019/12/CNAACSNL12.17.19.pdf)

6. 新时代新鲜事

　　2020 年是新年代的起始点。尽管没有人能 100％准确地预测人类将面临的大事，但新事的发展乃是众所皆知的。日本将举办夏季奥林匹克运动会，同时还将努力建立由机器人操纵的月球基地。许多国家/地区将举行大选，美国也将决定川普总统的历史评价。世界上最高的建筑将是位于阿拉伯的吉达塔。中国将建设从北京到伦敦最长的高铁。电脑芯片将被植入人脑，汽车将自行驾驶。科技新发展日新月异。

　　在技术、经济和政治等众多新事物中，决定人类命运的因素大部分取决于美国于 2020 年当选的新总统。新总统将对美国在世界舞台上的作用产生深远影响：美国将重新获得世界信任吗？世界各地目睹的灾难将持续恶化吗？世界会找到和平吗？饥饿的人将有饭吃吗？无家可归的人会得到照顾吗？世界各国领导人将认真解决气候变化所带来的灾难吗？所有这些问题都将是人们在这新的十年中希望得到解决途径或答 案的重点所在。显然地，这些议题正引导着主流媒体的报道焦点。人们将做出什么新鲜的解决方案？

随着世界执行空前的技术探索，也许过往年代的成绩和教训可以协助引导人们摆脱错误或有害的选择。在个人层面上，让我们回顾改善自我的方案。从全球的角度来看，愿人们的视角能开敞宽广，以便观察整个地球的福祉，寻求世界人类更美好的生活。我们需要铲除专制政权，唾弃贪劝的世界领导人，防止超级富翁延揽更多个人财富的欲念，并着眼于处理我们必须克服的真正的长远议题，从而促进地球和人们的健康和福祉。

在个人层面上，让我们回顾改善自我的方案。
从全球的角度来看，愿人们的视角能开敞宽广，
以便观察整个地球的福祉，寻求世界人类更美
好的生活。

2020 年代将是我们最终能掌控命运的新十年，亦或者，"太阳底下 无新鲜事"—— 富者越富、贫者越贫，而这个地球继续陷入失修状态？

(原载 https://aacs.website/wp-content/uploads/2020/01/CNAACSNL1.5.20.pdf)

7. 团结力量大

新型冠状病毒带来的灾难似乎不足以毁害世界，讽刺的是 2020 年的美国还得经历另一场国家动荡。美国的许多城镇：明尼阿波利斯、纽约、费城、华盛顿特区、亚特兰大、迈阿密、路易斯维尔、休斯顿、辛辛那提、拉斯维加斯、洛杉矶、萨克拉曼多，以及西雅图等城市皆在乔治·弗洛伊德（George Floyd）遭警官扼杀的情况之下大力举行游行抗议的活动，无视疫情所需的人与人之间的安全距离和和经济复苏的需求。种族歧视的问题再度浮现，驱使大批群众聚集和示威。

世界似乎面临可怖的末日尽头，我们所认知的世界已不再存在："我们的国家不仅面临着当前的公共卫生和经济危机，种族关系和公共安全也受到危及，民主制度遭受冲击，并且可能发生额外的困境，例如外国冲突或网络侵袭等等。"在民众抗议引发暴力和混乱的同时，警察开枪射击橡胶子弹，并对抗议者甚或新闻记者施加催泪弹，另一方面，不守规矩的平民也执行蔑视执法人员的不法活动，有些人还攻击警察。值得注意的是，我们不需要更多的流血事件和屠杀。我们需要的是团结，团结同心来解决问题、来重建国家和世界。团结力量大。

在这动荡时期，我们需要认真思考并解析身为美国人的重大意义。和平手段和措施、而不是抢劫和破坏，是制定我们表达问题和要求平等人权的正规渠道。某些城市的警官已与抗议者共同跪下，以认知制度不平所导致的困苦。有些还与示威者共同游行。另一方面在示威者和警察之间，也有许多和平问候和友好握手的交流。前任总统奥巴马"谴责暴力、表示示威者应可以带来真正的改变。" 在 2020 年 6 月 1 日发表的文章中，他敦促我们的同胞"将合理的愤怒引导至和平、持续和有效的行动中，并在国家实现最高理想的漫长旅程中制造一个真正的转折点。"前任副总统兼 2020 年总统候选人拜登同时指出："乔治·弗洛伊德临终的遗

言［我透不过气、我透不过气］…并未随同他而
死去。他的遗言乃为针对我们的国家所发出的
警告，是每一个人皆需聆听的警钟。" 美国
的创国元勋教授予我们自由/正义的原则，这些
教条从来未涉及暴力或敌对。

　　我们需要认真思考并解析身为美国人的重
大意义。和平手段和措施、而不是抢劫和破坏，
是制定我们表达问题和要求平等人权的
正规渠道。

"美利坚合众国力量大。如果我能团结起来，我们可以成就任何事业。" -- 拜登

"只有团结在一起我们才有力量，分裂了我们只会衰弱。" -- 罗琳，哈利·波特与火杯

"如果需要的话，像雕刻家一样，用石头来雕刻一个朋友。意识到你内在的视线有所障碍、并尝试在每个人身上寻得可贵之人性宝藏。" -- 贾拉鲁丁·鲁米（

Jalaluddin Rumi）

团结一致，我们将站得更高更强壮；分裂了，我们将跌得更低更惨。欣赏世人相似之处，并拥抱其多样性。致使世界富裕和美丽的乃是多样性的统一与协调。

(原载 https://aacs.website/wp-content/uploads/2020/06/CNAACSNL6.3.20.pdf)

8. 小心旅行

新型冠状病毒无疑摧毁了旅游业，并改变了我们在可预见的未来中旅行的方式。据一项全球的估计，旅游业失去了 1 亿个工作岗位。美国航空公司的使用量下降了 95%，而国际旅行将出现超过 3,000 亿美元的降低收入额。由于人们仍然渴望旅行，与旅行有关的安全问题将至关重要。关于未来旅行的最紧迫的议题涉及社会疏远措施、测试和医疗策略、空间和距离的创造以及旅行者和旅行业者的创新程序之间的协调。

许多旅行业者已经进行了必要的重新设计，以确保或改善旅行安全。测试、健康检查、乘客空间的控制、旅客流量甚至机场布局的重新设计，都是我们最终会看到的一些变化。庞大的新机场将为旅客提供更多的空间；没有地面扩展能力的机场可能会将往上加盖而扩展所需空间。此外，闸门的空间将扩大，并且可以使用机器人来装载乘客的行李箱子。消毒措施也将成为惯性作业，而旅游业人员或旅行者则应穿戴个人防护设备或口罩。

　　在危机时刻存在新的机会，因此我们必须根据时势变化进行计划和调整。在世界重新开放渐渐恢复正常状况时，请谨慎而明智地进行准备。

　　旅行的途径和目的地可能会改变。公路旅行可通过人为控制提供自由感，开车旅行的趋势可能会增加。旅游业者提供了更大的行程安排的弹性、更多的折扣和更优惠的价格；住宿方面的要求将着重于指示运营商/房主是否遵守严格的清洁/疏散准则，包括不同房客预订一房之间距离最少 24 小时等待时间的原则。卫生和清洁将成为新的评估标准，不似以往由餐饮或酒店客房的景观来推动销售。通过应用程序和自动驾驶汽车旅馆进行的更多非接触式的入住方式将越来越受欢迎。许多国家公园和偏远的室外地区吸引了创纪录的人数。游览这些目的地的人们将寻求个人空间、清洁和新鲜的空气。

　　由于国际旅行被认为是危险和不可预测的，它将变得更加耗时和昂贵。反之，国内旅游以及私人/远程旅游将较受欢迎。在危机时刻存在新的机会，因此我们必须根据时势变化进行计划和调整。在世界重新开放渐渐恢复正常状况时，请谨慎而明智地进行准备。

(原载 https://aacs.website/wp-content/uploads/2020/05/CNAACSNL5.11.20.pdf)

9. 在冠状病毒危机中庆祝复活节

复活节是为了纪念耶稣回升复活的节日。复活节以及与之相关的假期（例如，灰烬星期三、棕榈周日和耶稣受难日）被称为"可移动的盛宴"。它们没有公历的固定日期，而是遵循阴阳历来决定。复活节的日期定为春季的第一个满月之后的第一个星期日，可能在春分点或春分之后。

复活节是全世界最重要的节日之一。但是在 2020 年，复活节的庆祝活动将与以往大不相同，因为全球 15 亿多人必须在冠状病毒危机中呆在家里、不能出门。不管世界多么受限制，春季的活力仍然照常莅临人世。人们执意地保持着平常的外表，并以新颖的方式来分享这个假期。

2020 年复活节（4 月 12 日）强调了人们如何适应新的秩序，并在精巧的庆祝活动中表现出人类的应变能力。鸡蛋、兔子、点心，以及充满春天气息的装饰品可以在网上购买或在家中自制。

很多人通过虚拟流媒体活动来进行虚拟或安全距离的聚会：例如，装饰着鸡蛋或艺术品的橱窗展示、在视频上一起歌唱欢庆佳节等等。

在人们放弃与家人一起进行的大型公共复活节彩蛋游戏和面对面的聚会之同时，他们共同维护了复活节的精神。请记住，根据美国疾病控制与预防中心的说法，新型冠状病毒可以由没有症状的人传播。让我们在这段困难的隔离时期中克制与人社交的渴望。凭着想像力、爱心以及科技的协助，我们绝对得以同心协力客服难关，而世人也将会变得更为坚强和团结。

2020 年复活节（4 月 12 日）强调了人们如
何适应新的秩序，并在精巧的庆祝活动中表现出
人类的应变能力。

(原载 https://aacs.website/wp-
content/uploads/2020/04/CNAACSNL4.8.20.pdf)

10. 小心旅行

新型冠状病毒无疑摧毁了旅游业，并改变了我们在可预见的未来中旅行的方式。据一项全球的估计，旅游业失去了 1 亿个工作岗位。美国航空公司的使用量下降了 95%，而国际旅行将出现超过 3,000 亿美元的降低收入额。由于人们仍然渴望旅行，与旅行有关的安全问题将至关重要。关于未来旅行的最紧迫的议题涉及社会疏远措施、测试和医疗策略、空间和距离的创造以及旅行者和旅行业者的创新程序之间的协调。

许多旅行业者已经进行了必要的重新设计，以确保或改善旅行安全。测试、健康检查、乘客空间的控制、旅客流量甚至机场布局的重新设计，都是我们最终会看到的一些变化。庞大的新机场将为旅客提供更多的空间；没有地面扩展能力的机场可能会将往上加盖而扩展所需空间。此外，闸门的空间将扩大，并且可以使用机器人来装载乘客的行李箱子。消毒措施也将成为惯性作业，而旅游业人员或旅行者则应穿戴个人防护设备或口罩。

旅行的途径和目的地可能会改变。公路旅行可通过人为控制提供自由感，开车旅行的趋势可能会增加。旅游业者提供了更大的行程安排的弹性、更多的折扣和更优惠的价格；住宿方面的要求将着重于指示运营商/房主是否遵守严格的清洁/疏散准则，包括不同房客预订一房之间距离最少 24 小时等待时间的原则。卫生和清洁将成为新的评估标准，不似以往由餐饮或酒店客房的景观来推动销售。通过应用程序和自动驾驶汽车旅馆进行的更多非接触式的入住方式将越来越受欢迎。许多国家公园和偏远的室外地区吸引了创纪录的人数。游览这些目的地的人们将寻求个人空间、清洁和新鲜的空气。

在世界重新开放渐渐恢复正常状况时，请谨慎而明智地进行准备。

　　由于国际旅行被认为是危险和不可预测的，它将变得更加耗时和昂贵。反之，国内旅游以及私人/远程旅游将较受欢迎。在危机时刻存在新的机会，因此我们必须根据时势变化进行计划和调整。在世界重新开放渐渐恢复正常状况时，请谨慎而明智地进行准备。

(原载 https://aacs.website/wp-content/uploads/2020/05/CNAACSNL5.11.20.pdf)

11. 负责、安全和明智之行

　　由于 COVID-19 存在于空气中而威胁感染更多的人，美国人对室内/航空旅行持谨慎态度。取而代之的是开车出游的风行 -- 凯鲁亚克（Krououc）和斯坦贝克（Steinbeck）所具有的冒险精神又回来了，而广阔无限的大自然则等待着人们的光临。美国人拥有一种能表达自由感的汽车文化，但如今在病毒危机当下，这种自由的文化还夹杂着些许挑战和障碍。

　　在旅途中，您会担心一些事情：感染病毒或在不知不觉中传播病毒；酒店或住宿地点如何采取预防措施；旅行期间遇到的人的行为。您也可能在州边界被栏停下来，并受到官员的查询：您要去哪里；您来自哪里（缅因州和新墨西哥州仍要求一些州外和国际旅客在抵达后进行隔离检疫，为期两周。佛罗里达州要求旅客完成详细的度假计划信息调查表。）然而，当您对道路和病毒进行自我教育时，便不需无谓地担忧。

通过仔细的计划和对周围环境的预防性观察，您可以像以前一样愉快地进行公路旅行。

通过仔细的计划和对周围环境的预防性观察，您可以像以前一样愉快地进行公路旅行。了解您所走的路线涉及多少病毒案件和相关的州政府法规；走少人走的路；在公共场合戴上口罩；洗手并消毒；保持人与人之间的安全距离。您可能需要系带一些额外的物品，例如消毒剂、消毒湿巾、清洁产品、急救包以及食品，以免吃太多外卖的东西而徒增感染几率。当您绝对需要使用公共厕所时，请多加注意。等待一会再使用别人刚刚使用过的公厕。越小心越好。

　　有许多网站和应用程序可提供有关您旅程的最佳路线、露营地、餐馆、外卖、路边提领食物服务点、汽油费、以及任何您旅行时可能需求的有用信息。如果您的车辆较小并且想留在主要道路上，那么 Google Maps 或 GPS 可能就足够了；如果您想进行路边探险，请研究风景优美的路线或小路。如果您驾驶 RV，请研究最佳的舒适性和安全性路线（RV LIFE 应用程序可提供路线上无法预料的障碍物之警讯，如低悬桥或狭窄的公路，为您寻找安全的绕道及行驶方向）。关键是要在上路之前进行计划，要知道您的手机可能会在路上离线。有了足够的计划和一点自发性，您就可以成为负责任、安全和明智的公路旅行专家。祝您旅途愉快。

（原载 https://aacs.website/wp-content/uploads/2020/07/CNAACSNL7.6.20.pdf）

12. 美国人可以前往世界 1/3 的国家

可以理解的是，由于美国有 650 万 Covid-19 病例和 19.4 万人因之死亡，许多国家皆禁止美国旅客入境。欧盟和亚洲的大多数国家都不准美国旅客进入他们的国家，但现在世界上大约也还有 1/3 的国家准许美国人前往旅行：

1．阿尔巴尼亚 - 7 月 1 日
2．安圭拉 - 8 月 21 日
3．安提瓜和巴布达 - 6 月 4 日
4．亚美尼亚 - 8 月 12 日
5．阿鲁巴 - 7 月 10 日
6．巴哈马 - 7 月 1 日（需有 Covid-19 阴性测试证明）
7．巴巴多斯 - 7 月 12 日

8. 巴厘岛（印度尼西亚）9 月 1 日

9. 白俄罗斯 - 7 月 15 日

10. 伯利兹 - 8 月 15 日

11. 百慕大 - 7 月 1 日

12. 巴西 - 7 月 30 日

13. 保加利亚 - 限制条件（带有 Covid-19 负测试证明）

14. 柬埔寨-7 月 15 日（测试和相关费用需 2000 美元的押金）

15. 加拿大-限制条件（强制性隔离或自我隔离期）

16. 开曼群岛 - 9 月 1 日

17. 哥斯达黎加 - 9 月 1 日

18. 克罗地亚-7 月 1 日（需有 Covid-19 阴性测试证明）

19. 多米尼加 - 8 月 7 日

20. 多米尼加共和国 - 7 月 1 日

21. 迪拜（UAE） - 7 月 7 日

22. 厄瓜多尔 - 8 月 16 日

23. 埃及 - 8 月 15 日（需有 Covid-19 阴性测试证明）

24. 埃塞俄比亚 –（强制性检疫或自我隔离期）

25. 法属波利尼西亚 – 7 月 15 日

26. 加纳 – 9 月 1 日

27. 格林纳达 – 8 月 1 日

28. 海地 – 7 月 1 日

29. 洪都拉斯 – 8 月 17 日

30. 爱尔兰 –（强制性隔离或自我隔离期）

31. 牙买加 – 6 月 15 日

32. 肯尼亚–八月（需有 Covid-19 阴性测试证明）

33. 马尔代夫 – 7 月 15 日

34. 马耳他 – 7 月 11 日（等待例外批准）

35. 墨西哥 – 6 月 8 日； 9 月 21 日开放陆地边界

36. 黑山共和国 – 8 月 15 日

37. 摩洛哥 – 9 月 6 日（需有 Covid-19 阴性测试证明）

38. 尼加拉瓜 – 10 月 1 日

39. 北马其顿 – 7 月 1 日

40. 罗马尼亚 – 限制（需有 Covid-19 阴性测试证明）

41. 卢旺达 - 6月17日；美国人8月1日（需有 Covid-19 阴性测试证明）

42. 塞尔维亚 - 5月22日（需有 Covid-19 阴性测试证明）

43. 圣巴特 - 6月22日

44. 圣巴托洛缪岛（强制性隔离或自我隔离期）

45. 圣卢西亚 - 6月4日（需有 Covid-19 阴性测试证明）

46. 圣马丁岛-8月1日（需有 Covid-19 阴性测试证明）

47. 圣文森特和格林纳丁斯 - 7月1日

48. 韩国 - （强制性隔离或自我隔离期）

49. 坦桑尼亚 - 6月1日

50. 土耳其 - 6月12日

51. 特克斯和凯科斯群岛-7月22日（需有 Covid-19 阴性测试证明）

52. 乌克兰 - 7月20日

53. 阿拉伯联合酋长国 - 7月7日（需有 Covid-19 阴性测试证明）

54. 联合王国 - （强制性检疫或自我隔离期）

55. 赞比亚 - 7月

56.津巴布韦－ 10月1日（需有Covid-19阴性测试证明）

除了通常的旅行策划以外，人们还必须采取额外的预防措施来观察特定国家/地区的旅行建议（根据国家/地区的具体情况，建议等级为 1-4），并且针对特定国家/地区的法规和限制进行额外的检查和计划。安全、坚强是唯一可采行的路径！

除了通常的旅行策划以外，人们还必须采取额外的预防措施来观察特定国家/地区的旅行建议。

请注意：有关在冠状病毒爆发期间旅行的最新信息，请上网查询疾病控制与预防中心、美国国务院和世界卫生组织的资讯和最新的消息。

(原载 https://aacs.website/wp-content/uploads/2020/09/CNAACSNL9.13.20.pdf)

13. 团结力量大

　　新型冠状病毒带来的灾难似乎不足以毁害世界，讽刺的是 2020 年的美国还得经历另一场国家动荡。美国所有主要城市：明尼阿波利斯、纽约、费城、华盛顿特区、亚特兰大、迈阿密、路易斯维尔、休斯顿、辛辛那提、拉斯维加斯、洛杉矶、萨克拉曼多，以及西雅图等城市皆在乔治•弗洛伊德（George Floyd）遭警官扼杀的情况之下大力举行游行抗议的活动，无视疫情所需的人与人之间的安全距离和和经济复苏的需求。种族歧视的问题再度浮现，驱使大批群众聚集和示威。

　　世界似乎面临可怖的末日尽头，我们所认知的世界已不再存在："我们的国家不仅面临着当前的公共卫生和经济危机，种族关系和公共安全也受到危及，民主制度遭受冲击，并且可能发生额外的困境，例如外国冲突或网络侵袭等等。" 在民众抗议引发暴力和混乱的同时，警察开枪射击橡胶子弹，并对抗议者甚或新闻记者施加催泪弹，另一方面，不守规矩的平民也执行蔑视执法人员的不法活动，有些人还攻击警察。值得注意的是，我们不需要更多的流血事件和屠杀。我们需要的是团结，团结同心来解决问题、来重建国家和世界。团结力量大。

在这动荡时期，我们需要认真思考并解析身为美国人的重大意义。和平手段和措施、而不是抢劫和破坏，是制定我们表达问题和要求平等人权的正规渠道。某些城市的警官已与抗议者共同跪下，以认知制度不平所导致的困苦。有些还与示威者共同游行。另一方面在示威者和警察之间，也有许多和平问候和友好握手的交流。前任总统奥巴马"谴责暴力、表示示威者应可以带来真正的改变。" 在 2020 年 6 月 1 日发表的文章中，他敦促我们的同胞"将合理的愤怒引导至和平、持续和有效的行动中，并在国家实现最高理想的漫长旅程中制造一个真正的转折点。" 前任副总统兼 2020 年总

统候选人拜登同时指出："乔治·弗洛伊德临
终的遗言[我透不过气、我透不过气]⋯并未随
同他而死去。他的遗言乃为针对我们的国家所
发出的警告，是每一个人皆需聆听的警钟。"
美国的创国元勋教授予我们自由/正义的原则，
这些教条从来未涉及暴力或敌对。

　　我们不需要更多的流血事件和屠杀。我们
需要的是团结，团结同心来解决问题、来重建
国家和世界。团结力量大。

"美利坚合众国力量大。如果我能团结起来，我们可以成就任何事业。" -- 拜登

"只有团结在一起我们才有力量，分裂了我们只会衰弱。" -- 罗琳，哈利·波特与火杯

"如果需要的话，像雕刻家一样，
用石头来雕刻一个朋友。
意识到你内在的视线有所障碍、
并尝试在每个人身上寻得可贵之人性宝藏。" -- 贾拉鲁丁·鲁米（Jalaluddin Rumi）

团结一致，我们将站得更高更强壮；分裂了，我们将跌得更低更惨。欣赏世人相似之处，并拥抱其多样性。致使世界富裕和美丽的乃是多样性的统一与协调。

（原载 https://aacs.website/wp-content/uploads/2020/06/CNAACSNL6.3.20.pdf）

14. TikTok 抖音的跳动

美国指控 TikTok 收集其国人的数据，并将其发送给中国政府。中国则谴责美国有意封锁中国技术以保护美国公司。在美国微软公司试图购买此极为流行的中文应用程序 TiTok 之时，川普总统要求从中收到一笔款项，而中国则威胁进行报复。两国之间出现了紧张关系；关于网络安全和互联网使用/标准的许多问题更显棘手。

川普要求于美中 TikTok 的交易中获得其美国部门购买价格的"相当一部分金额"。他声称，如果在 2020 年 9 月 15 日截止、TikTok 中国的 ByteDance 字节跳动母公司无法达成此销售案，他将禁止美国使用该应用程序："美国应该获得该价格的很大一部分金额，因为美国人的采用是该程序风行的因素。"（TikTok 拥有 8000 万的美国用户。）川普要求 TikTok 向美国财政部付款，使得此交易变得极为复杂，法律专家认为他的这项提议是非正统的，需要监管部门的批准。有人说，这一款项只是对美国及其公司的回报，声称中国窃取了美国许多的知识产权。随着经济、政治、外交政策、民主原则和国家安全议题的混杂，此交易局势变得复杂难解。

除了 TikTok 在美国的业务外，微软还正在谈判购买其在加拿大、澳大利亚和新西兰的业务。如果交易没有达成，特朗普对 TikTok 的禁令可能始于由 Apple 和 Google 从其在线平台上删除 TikTok，换句话说，将 TikTok 的母公司 ByteDance 添加到商务部实体列表中，并禁止美国公司机构使用该程序。另外，川普也可能要求美国互联网服务提供商阻止用户登入 TikTok 的服务器。无论是被购买还是被禁止，TikTok 与美国正显严重冲突。

另一方面，TikTok 可能得以保留其最有价值的资产：有效的程序公式和创作家的数据库。这些资产是不容易收购或运输的。 TikTok 的核心公式是由 ByteDance 的中国工程师使用一套共享软件工具（"中台"或"中央平台"）而设计的：用户专属页面或 FYP 提供选择性的吸引用户的内容。这只金鹅正是 TikTok 如此令人着迷和引人入胜的原因。现在那只鹅受到争抢，此资产是否真能转手还有待世人来观察。

与中国的审查制度相反，开放的、可自由移动数据的全球互联网一直是民主国家的信念。现在，川普政府似乎正在遵循中国的专制措施，并假设安全的网络和数据流都只能在本国的边界之内方能达成。这种假设的前提乃为谬误的景象：美国科技行业会在世界他国中停止营业；而此网络安全策略也让人质疑。

为了保护美国人的数据，联邦政府必须定义更严格的标准，以达成数据保护协议并明定违反相关规则的后果。

TikTok 销售会在 9 月 15 日之前完成吗？美国的网络安全法会越来越像中国的专制法令吗？将数据存储在一个国家的境内是否能解决数据泄露或安全问题？所有的喧嚣都只是政治人物的权力游戏或国与国之间夸大的贸易保护主义的姿态吗？世人将拭目以待。

与中国的审查制度相反，开放的、可自由移动
数据的全球互联网一直是民主国家的信念。

（原载h https://aacs.website/wp-
content/uploads/2020/08/CNAACSNL8.14.20.pdf）

15. 美国大选后的军人节

　　2020 年的退伍军人节，适逢在拜登在之前一个周末被认定为当选总统之后的一个星期三。2020 年 11 月 11 日星期三，乃一联邦假日，旨在庆祝美国的军事英雄，然而这个美国显得异常庄重和安静。美国政府似乎处于空缺状态，因为川普尚未对国内激增的 COVID-19 案发表任何评论，他的政府还没有承认拜登的胜利，而且也还没有开始进行确定或权力转移的程序。

　　与川普的沉默呈一对比（除了一连串的诉讼抱怨总统选举的结果之外，川普未作任何发言），拜登一直忙于成立工作组来解决各种问题，例如新型冠状病毒的风行，经济的萧条，医疗保健以及环境等议题。他点燃了美国实现正常与民主的希望。他提供了稳定的力量，全然准备抚慰并治愈这个国家。

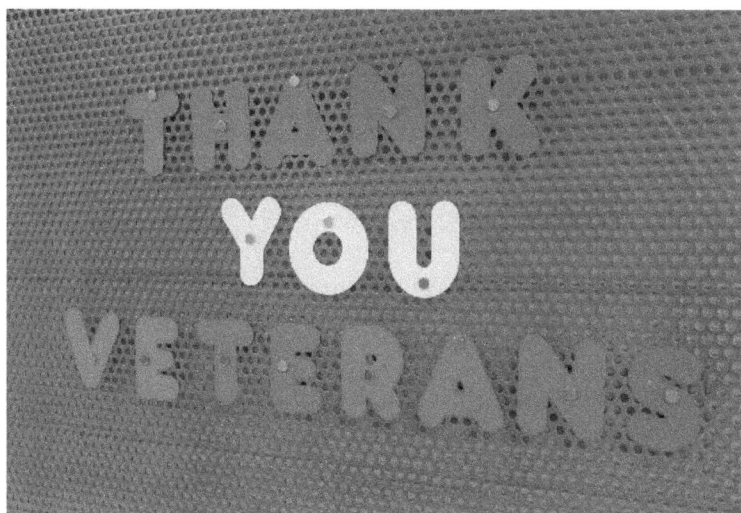

**此选举后的军人节再次展现，川普和拜登
之间的鲜明对比。**

　　此选举后的军人节再次展现，川普和
拜登之间的鲜明对比。川普几天来首次公
开露面，在花圈仪式上无视阿灵顿国家公
墓的需戴口罩的规定。总统当选人拜登则
戴双副口罩、在费城的抗美援朝纪念馆对

老兵致敬。他们两人皆没有在仪式上发表评论，但他们的言行举足轻重，各自的行为和持政叙述确实很清晰，所有人都得以明了听悉。

(原载 https://aacs.website/wp-content/uploads/2020/11/CNAACSNL11.11.20.pdf)

16. 美国历史上不可言喻的一天

对于 2021 年 1 月 6 日于华盛顿特区的美国国会大厦所发生的 一场 混乱和 骚动，身为人师者或任何人该如何作解释？美国某些群体长久以来所坚持的种族偏见或白人至高无上的主义 ，令我感到厌恶及无言以对（支持川普的人通过暴力表现出了此种偏见或信念 ，并使用煽动性的言行和暴力强硬进入国会大夏 ，完全无视美国的民主宪法。）。当 我 沉默地表现内心震惊、沉重和 悲伤时 ，我的学生们却已将这一 事件称为＂第二 次内战＂。 从此事件所呈现的残暴、毁害，以及留在国会大夏内的恐怖分子标志和弹药、爆炸装置的证据 来看 ，我认为学生们的想法与实际情况相距 不远。

此事件提供了一个可贵的教学机会。

不论个人的政治 观点或信仰为何 ，违法

的暴力行为和狭隘的偏见皆是有害 和落后的。然而，在我们国家最高领导阶层缺乏道德和正义的情况下，此刻对于全国的教育工作者来说实具挑战性。当我们的政治领导人采用欺凌强势手段来压制他人时 -- 当他们扭曲民事程序来迎合本身的政治议程 时 ， 我们该如何告诉年轻人："欺凌"是严重的罪行，并可能会导致退学驱逐？操纵民主程序并导致叛乱意味着与我们向学生宣扬的相反原则和价值观 ： 简单的友善和尊重、宽容、文明、诚实 、负责任 ， 以及民道德和国家安全等。

不论个人的政治 观点或信仰为何 ，违法的暴力行为和狭隘的偏见皆是有害 和落后的。

如果我们持续堕落，无法表明言行必将产生后果的原则，我们将使年轻的一代更加陷入混乱和创伤的深渊。支持川普者冲进美国国会、捣乱拜登当选为总统的认证过程 的行动是绝对无法解说或原谅的。让我们通过和平的思考 和自我成长来处理愤怒和负面情绪的基本技巧来就事论事。让我们成为真正的成年人 ，展示如何表现己见并为自己的言行举止承担责任。由于新型冠状病毒大流行 ，过去 一两年对每个 人来说皆具有前所未有的艰辛和困难 －－ 让我们别再增加 困境。让我们尝试建立一个安全的社会 ， 让后代可以继承和和平生活。我们此时可能和年轻人一样困惑。我们可能没有所有的答案 －－ 那么就让我们即刻寻求解答并实现民主吧！

(原载 https://aacs.website/wp-content/uploads/2021/01/CNAACSNL1.10.21.pdf)

17. 对华盟国政策

拜登政府与中国的首次对话于 2021 年 2 月 6 日星期六举行；关键议题揭示了两国之间的差距和分歧，显示美国必须与盟国合作来填补鸿沟，并在中国影响力持续增长的亚太地区提供制衡。美国国务卿安东尼·布林肯（Blinken）和中国中央外交部主任杨洁篪讨论了有关新疆维吾尔族、以及香港和台湾的民权或主权议题。布林肯表示，美国将与盟国合作，要求中国"对于其威胁台湾海峡以及亚太地区的稳定局势承担责任"。在美国坚持人权和民主原则的同时，中方则认为"内政"不需要"外来干涉"。如果不通过外交手段而创造最佳的国际环境来解决问题，这种态度上的差异将进一步造成美中关系之挑战性。

**在加强于亚太地区的安全和承诺的同时，
美国将建立和发展联盟。**

　　针对美中两国之微妙关系，拜登总统已着手重用美国政府中的亚洲管理专员。他任命库特·坎贝尔（Kurt Campbell）为国家安全委员会的亚太事务协调员。坎贝尔于前总统巴拉克·奥巴马（Barack Obama）为政期间担任东亚和太平洋事务助理国务卿，乃为公认的亚洲联系管理专家。他将与国家安全顾问杰克·沙利文（Jake Sullivan）以及布林肯（Blinken）共事，协助制定美国的盟友政策。亚洲盟国将重新参与合作事宜，以对中国显示遵守国际关系准则的必要性或益处。

根据白宫的声明，拜登总统已开启与日本、澳大利亚以及韩国各国领导的协议对话。布林肯（Blinken）则与日本、韩国、澳大利亚、菲律宾和泰国建立了联系。在加强于亚太地区的安全和承诺的同时，美国将建立和发展联盟。且看未来中国是否能遏制其独裁政策与姿态，并成为国际社会中尊重人权的负责成员之一。

(原载 https://aacs.website/wp-content/uploads/2021/02/CNAACSNL2.7.21.pdf)

18. 如何处理亚裔美国人所面对的仇恨罪犯？

由于 Covid-19 流行病侵袭，针对亚裔美国人的仇恨罪犯一直在增加，如圣贝纳迪诺加利福尼亚州立大学仇恨与极端主义研究中心最近的一份报告所显示："针对亚裔美国人和亚太美人（AAPI）的罪犯事件大幅增加了 145％。"在美国各地，袭击移民或亚裔美人的事件引起了人们的关注。例如，旧金山的一名 84 岁的泰国移民被推倒在地后死亡。纽约地铁上，一名 61 岁的菲律宾裔美国人被人用刀将其砍倒。一名 89 岁的中国妇女在纽约布鲁克林区被打了耳光、然后纵火焚烧。罗伯特·亚伦·朗（Robert Aaron Long）在乔治亚州亚特兰大的温泉浴场枪杀了包括 6 名亚裔女子在内的 8 个人。口头骚扰或种族侮辱处处可见（前任川普总统之"中国病毒"和"功夫流感"的名号产

生极大的负面效应），但很少有人对仇恨罪的
侵略者提起诉讼。

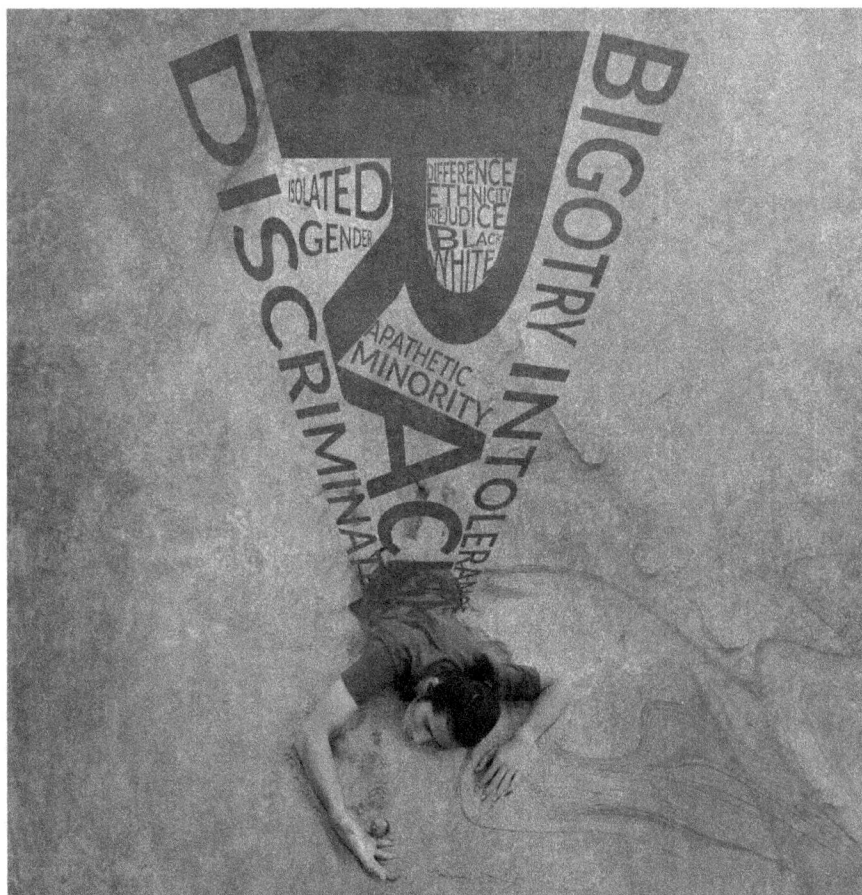

通过地方、州政府和联邦政府各级的合作，采
用整体方法来打击种族歧视、治理对亚裔美人
的仇恨罪犯行为 -- 但愿社会将得以干预并纠
正一些人偏激和异常的想法！

在仇恨罪犯累累的同时，人们也在全美主要城市进行抗议活动：亚特兰大、西雅图、纽约、华盛顿特区、芝加哥、费城、檀香山和洛杉矶等。许多社区领袖都在讨论针对亚裔美人的仇恨罪犯相关之议题。纽约人士唐·李（Don Lee）呼吁将更多的反亚裔人袭击案定为仇恨罪犯："这些不是意外，而是仇恨罪犯。"关于什么是法律上构成反亚裔人仇恨罪的辩论进一步显示：法律尚未针对亚裔美国人遭遇种族主义的各种情况来加以制裁。罪犯和惩罚、维持治安和调查程序等等以及其他强制性机制可能不足以阻止某些人歧视仇恨亚裔美人的心态和举止。反种族主义或文化能力之教育在公众反思或意识到己身的偏见的能力来说实是具有关键作用。教育或改革机构可以与国家/地方领导人和有影响力的人一起工作，以提高对种族主义陷阱的认识。

拜登总统在任职的第一周签署了一项行政措施，禁止在联邦政府内部使用种族主义语言；他进一步发布了有关如何应对日益增多的反亚裔事件的指南，并在 2021 年 4 月 1 日的首次全国黄金时段演讲中强调了制止仇恨的重要性：白宫也概述了"一项包括联邦政府在内的行动计划，以便执行仇恨罪犯之 d 州政府和地方执法人员的培训，在 COVID-19 公平工作组内成立委员会以解决针对亚裔人的仇恨心理，并拨款 4,950 万美元，为亚裔人或太平洋岛民提供社区的反暴力服务。" 立法者和积极人士也呼吁社会投入更多关注和资源来解决这个问题。加利福尼亚国会女议员 -- 亚太裔美国核心小组主席朱迪·朱（Judy Chu）和其他议员正致力于敦促美国司法部"扩大举报、追踪和起诉仇恨罪犯。" 通过地方、州政府和联邦政府各级的合作，采用整体方法来打击种族歧视、治理对亚裔美人的仇恨罪犯行为 -- 但愿社会将得以干预并纠正一些人偏激和异常的想法！

(原载 https://aacs.website/wp-content/uploads/2021/04/CNAACSNL4.5.21.pdf)

19. 与时俱进？

苏斯博士/西奥多·苏斯·盖斯塞尔
（Dr. Seuss / Theodor Seuss Geisel）
是最受欢迎的儿童读物作者之一，一生出
版约有 60 本书，全球销量超过 7 亿册。随
着世人对于种族或刻板印象的观点的发展
和进步，苏斯博士的六本书在现时显得有
所偏颇，意味各种种族的刻板形象。苏斯
家族因而决定停止这些书的出版或销售。
《超越斑马》、《超级炒蛋》、《猫的奎
兹》、《麦克尔里戈特的游泳池》和《我
在桑树街上看到了》-- 这些书都带有种族
刻板图像或文字。例如，在他的处女作
《我在桑树街上看到了》中，"一个亚洲
人的粗俗种族刻板印象是倾向的风眼。根
据纽约时报的报道，这种描述是"有害和
错误的"。在苏斯企业决定停板之际，苏

斯博士的其他书籍之销售量却直线上升，而被禁的 6 本书则以创纪录的高价出售。苏斯博士并没有像 Fox 新闻所宣称的那样被"取消"，他显然仍拥有强盛的文化影响力，而在当前的政治环境中，许多议题更值得进行深度探讨。

　　讨论主题之一是"人们是否应追究作者的作品是否符合时尚而加以修改，以反映不断发展的社会态度，或者作品应被保存为文化记录的一部分。"尽管苏斯博士的某些作品因其过时或不符合种族、民族、文化和性别平等意识而受到批评，但众所周知，苏斯博士的多数作品在在提高人们对文化多样性的包容，其中的人性和仁慈、以及对儿童及地球的关怀处处可见。苏斯博士于 1991 年去世，无法调整自己的作品以适应瞬息万变的市场。　（作家们经常对作品进行修改以反映时代的变化。例如，罗尔德·达尔（Roald Dahl）删除了查理和巧克力工厂一书中的许多种族定型观念。）苏斯家族企业已经为苏斯博士之作品进行审查并更新了他的作品的本体，实是有幸。

在世人不断提高文化种族敏感性的同时，苏斯博士的品牌实已获得确保。他的杰作是永恒的，而他的一些作品可能需要随着时代的变化而调整。《绿蛋和火腿》、《戴帽子的猫》以及许多作品将经得起时间的考验。读者总是会受到苏斯博士的仁德和道德教训的启发；他鼓励对人、宠物和地球加以爱护和关怀（想想《霍顿听到谁来了！》和《劳拉克斯》中的主题）。没有人会谴责苏斯博士或"取消"他的文化遗产 -- 我们可以选择利用这些绝好的教育机会来解说：年轻的主人公表现出对种族差异的好奇心实是无可厚非的；让孩子们以不同的方式看待宠物或独特的生物吧！一个人只需要保持开放的心态，便不至于陷入种族定型观念的陷阱。重要的是不断学习、进步和运用想象力。所以问题显然仍旧存在：我们是要改变伟大的作品来适应不断变化的环境，还是要用经典来教导时代如何改变，以及认知在每一时段人们对事物的看法有所不同？也许这个问题的答案实际上是无关紧要的。重要的是人类的集体文化遗产 – 求进步、向前发展吧！

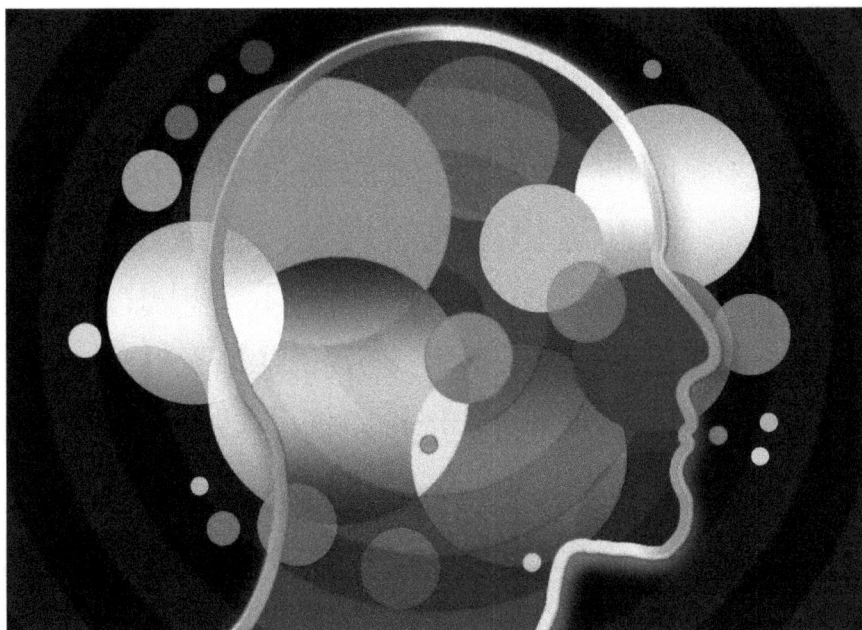

我们是要改变伟大的作品来适应不断变化的环境，还是要用经典来教导时代如何改变，以及认知在每一时段人们对事物的看法有所不同？

(原载 https://aacs.website/wp-content/uploads/2021/03/CNAACSNL3.6.21.pdf)

20. 从简单的生活中寻求崇高的意象

在沙粒中看世界
还有野花里的天堂
将无限之境界握在手掌
片刻便成永恒
· · · ·
摘录自"天真的征兆"
-- 威廉·布莱克（WILLIAM BLAKE）

在新型冠状病毒大流行期间，人们应如何寻求值得欢欣鼓舞的生命意象？布莱克的诗句在当今的困境下实具有特殊的意味 -- 在无需专业知识或艺术性的简单日常锻炼中，我们将可发现崇高的美感或满足感，进而在囚禁而受限制的日常生活中感受到生命的目的。的确，当我们以新的天真的好奇感看待周遭人事时，我们将发现宝贵的意义和目的。

　　在无需专业知识或艺术性的简单日常锻炼中，我们将可发现崇高的美感或满足感，进而在囚禁而受限制的日常生活中感受到生命的目的。

通过简单的观察、创造和自我反思的过程，我们得以获得无尽的满足和欢乐：一首诗、一幅画、周遭的人事、自然现象、舞蹈动作、深吸的一口气、心中的情感、一支用来书写的笔、一些歌词、一段心爱节奏中的节拍、心爱的人的面貌等等。即使我们无法对生活的去向清晰地进行了解，但我们将感到心切而精神集中，拥有我们重新识别或发现自己的直觉，并进一步处理自我内心之恶魔、艰辛，并从事促使自我整体发展的积极性行动。

当我们认真触摸、看见、闻觉、品尝、听见或感觉到周遭人事时，便能通过心理过程和身体活动与他人和世界建立联系。我们将可专注于发现并重新学习凡间人事的崇高意象。世上最佳的良药源于生活中的简单乐趣。请用它来治愈自我、感觉自我，并积极采取行动来创造和生产 -- 这将是我们不断投入精力和自我成长的动力泉源。

(原载 https://aacs.website/wp-content/uploads/2021/05/CNAACSNL5.9.21.pdf)

21. Covid-19 时代的诗歌

瑞典学院称赞路易丝·格吕克（Louise Glück），认为其获得 2020 年诺贝尔文学奖的原因在于："她以朴实的诗歌声音表达出朴素的美，使个体的存在变得普遍。"格吕克（Glück）与 2016 年的鲍勃·迪伦（Bob Dylan）和 1993 年的托尼·莫里森（Toni Morrison），是近年来三位获得该奖项的美国人。而自 1901 年诺贝尔奖首次颁发以来，格吕克则是第十六位获得文学奖的女性。格吕克出版了十二本诗歌集和几本关于诗歌的论文，作品涉及童年和家庭关系的主题，并受到神话和古典文学的启发。

格吕克（Glück）精致的语言和所引用的神话暗示使其诗歌作品具有普遍而持久的吸引力。阅读她的作品所产生的宣泄作用超越了人类生活中令人沮丧的境况。

在此之前，格吕克（Glück）的作品《荒野中的鸢尾花》（The Wild Iris）赢得了1993年的普利策奖，以及2014年的国家图书奖（National Book Award）。巴拉克·奥巴马（Barack Obama）并于2015年在白宫授予之国家人文奖。她的其他荣誉包括2001年的Bollingen诗歌奖、2008年的华莱士·史蒂文斯奖，她也是 1993 年最佳美国诗歌选集的编辑，并于 2003 年被命名为美国诗人桂冠。

尽管格吕克（Glück）的黑暗主题--孤离、背叛、人际关系破裂、衰老和死亡，呈现出人类生活中令人不安的层面，但她精致的语言和所引用的神话暗示使其诗歌作品具有普遍而持久的吸引力。阅读她的作品所产生的宣泄作用超越了人类生活中令人沮丧的境况。这就是她的文学得以赋予人类苦难和错失重大意义的原因所在。这也就是世人，尤其是在 Covid-19 这个孤立的时代中，总是可以寄托于纯洁的、类似于这位女诗人诗歌中所呈现的纯真升华之情感的缘由：

在我痛苦的尽头
有一扇门。
听我说：你所说的死亡
我铭记在心。
（"荒野中的鸢尾花"）

（原载 https://aacs.website/wp-content/uploads/2020/10/CNAACSNL10.11.20.pdf）

22. 新型冠状病毒时期的爱

　　新型冠状病毒侵袭世界之前在线约会已很流行；而病毒的来袭使之变得更加普遍。人们在线上筛选伴侣并以电子方式会面。无论是线上会面或者实际面对面相见，浪漫的约会需要两个试图建立联系的人来共同协调之间的防疫措施和会面方式。这意味着新型冠状病毒时期的爱比平时更难、更复杂。

　　如何在新型冠状病毒大流行时期寻找到爱情？令人惊讶的是，许多人表示，新型冠状病毒使得人们变得专注、除去不必要的干扰来识别理想伴侣。人们寻找爱情的方式已经彻底改变：有更多的时间进行自我反省，弄清自己真正想要的伴侣是什么样的人，可以快捷地在线上结识朋友，并通过虚拟会议更有效地淘汰与自己不匹配的候选人，从一开始就更加清晰地设定了明确的期望和界限。人们可能很快就知

道结交的朋友是否正在采取防疫措施、是否能
为他人或社会大众的健康着想，因而得以避免
无谓的约会游戏、节省时间和精力。

**在新型冠状病毒时期，人们似乎更需要爱，
也更容易将心中的爱赐予他人 —— 人们对爱的
需求是普遍而永恒的。**

在新型冠状病毒时期，人们似乎更需要爱，也更容易将心中的爱赐予他人 -- 人们对爱的需求是普遍而永恒的。我们在在见证了医护人员和前线工作人员对公众的牺牲与爱心，人们在这时期也与亲人分享大量的电子邮件、短信、消息、社交媒体、虚拟电话和沟通交谈。世人保持联系的需求证实了人类对共同利益和共同命运感的信念。人们在隔离孤立中仍然能聚集在一起，想方设法分享自己最深切的悲伤、哀悼失落或幸福感，在极端时期仍能获得的便是一份共有的归属感。

这篇文章的标题"新型冠状病毒时期的爱"呼应了加布里埃尔·加西亚·马尔克斯 (Gabriel Garcia Marquez) 的《霍乱时期的爱情》中所描绘的爱情的力量。在新型冠状病毒时期，我们可以进一步证明，爱的多种形式是最可贵的生命基础，它可以带来必要的改变，以改善我们的世界，同时使人们团结在一起。有了爱，我们可开始将焦虑和痛苦化解、转变成为寻求缓解、准备未来和补救灾祸的动力。有了爱，我们得以毫发无损地从这场灾难中走

出来，变得更强大、更美好，并且更加关切和
重视世界的未来。

(原载 https://aacs.website/wp-
content/uploads/2021/07/CNAACSNL7.8.21.pdf)

23. 新型冠状病毒时期的教育

根据联合国的一项研究，新型冠状病毒造成了历史上最大的教育中断情况，"影响了 190 多个国家和各大洲将近 16 亿的学生。学校和其他学习场所的关闭影响了世界上 94% 的学生人口，在低收入和中低收入国家的影响高达 99%。" 随之，教育差距加剧，因为弱势群组的学生无法有效和/或及时地适应远距教学和学习的模式。由于教育资源分配不均，学生学习差距扩大。在冠状病毒时代，教育发生了永久的变化。随着在线学习和数字平台的兴起，教育的关键问题仍然是资源分配、及获取资源的不平等状况，学生对基于学习方式的差异化教育的需求也未得到满足。

由于在线远距学习的突然、快速、大规模之强制执行的必要性，许多学生适应困难，面对网络速度或技术不足的问题，尤其是那些家庭背景较为平困的学生。其中的鸿沟是显而易见的。学生的学习方式或差异化需求也成为必须关注的领域。对于那些更加独立并能够获得技术和教育资源的人来说，在线学习在信息保留方面可能更有效："学生在线学习时保留了25-60% 的材料，而在课堂上仅保留 8-10%。 "然而，喜欢近距离或课堂面对面学习的学生可能会遭遇技术管理或课程材料导航相关的挫败感，他们也许会觉得在线课程难以适应而感到困惑。

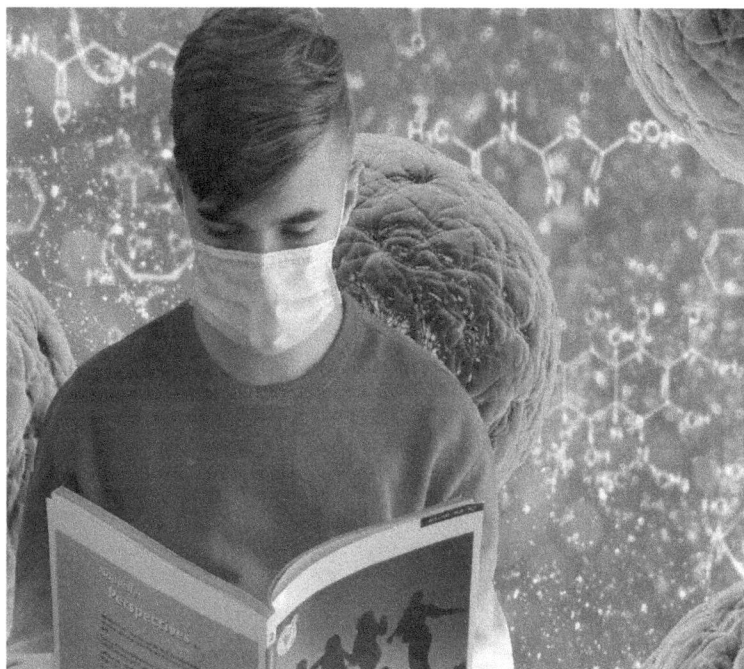

　　随着在线学习和数字平台的兴起，教育的关键问题仍然是资源分配、及获取资源的不平等状况，学生对基于学习方式的差异化教育的需求也未得到满足。

　　在线学习的效果因年龄组和学习者而异。年幼的孩子需要较为结构化的环境。不擅长电脑技术的学生将面对困难，可能会完全失去学习兴趣。对许多人来说，新型冠状病毒时期的教育是一个失败的事业。许多学生和家庭感到痛苦而难以适应。

疫情减缓之后的教育，至关重要的是要通过创造性的技术应用使学习变得有趣和有效；迎合不同的学习方式需求并提供差异化的在线或远距教学。封锁一年多后，许多学校将开始重新开放，预计将在 2021-2022 学年全面开学。1.9 万亿美元的救助法案及其拨款能否恢复学生学习环境、提供正常教育的需求？人们能否继续努力，为所有人争取公平的学习机会？学生、教师、家长、社区领袖、政治家，能否有足够的弹性和毅力来弥合新型冠状病毒强加给我们的情感、心理、经济和学术之上挑战？换句话说，我们能否接受回归常态并颠覆教育现状的挑战？教育正面临一个重要的转折点；我们势必掌握这个重塑教育的绝佳机会。

(原载 https://aacs.website/wp-content/uploads/2021/08/CNAACSNL8.8.21.pdf)

24. 新型冠状病毒时代的数字通信

随着战斗新型冠状病毒而施行的社交距离措施，世人在尝试保持数字连接和通讯时也面临了新的挑战。社交媒体、信息应用程序、视频会议程序、在线娱乐、数字媒体或新闻以及互联网资源的普遍使用是显而易见的。人们比以往任何时候都更依赖数字平台来购买杂货和日常必需品之外的任何东西。而当世人试图掌握数字化的新现实之时，重要而艰巨的问题仍然存在：各阶层数字不平等或差距是扩大还是缩小了？数字通信公平可信吗？为了让数字世界更好地运作或推动世界的前进，人们应当提出哪些规定或警告信息？

就美国的情况看来，新型冠状病毒爆发之前就存在的数字鸿沟实历历在目。根据 PEW 研究中心的调查显示，25% 的美国人口在家中并不具备高速互联网接入的设备，近 20% 的美国人不使用智能手机。除了经济差异之外，美国人也呈现使用信息、语音和视频会议之上的差别。换句话说，并非人人皆精通技术而具数字素养，信息的传播和联接因而也出现不均状况。

尽管资源分配不匀，无处不在的数字社交和通信引发了对数字媒体使用的监管方面进行深入研究的必要性，包括它们对政治、新闻、公共服务、娱乐、游戏、电子商务、教育、医疗保健、科学或医疗传播以及其他领域的影响。我们已亲眼目睹"信息流行病"的危害有多大：它会误导公众、造成混乱、危害人类生活的各个层面并破坏我们民主制度的可信度。社会必须教育公众来了解应该信任或避免哪些数字信息的来源，如何评估分歧的主张和意见，以及如何保持批判性并从全面和健康的角度思考，以了解世界各地正在发生的事情。人们必须通过不仅来自政府、而且来自数字公司和技术公司的政策和机制来提高对数字素养的认识。合作和协调可以创造一个数字较为健全的世界、从客观的角度描绘生活，并以平等、公正和高效的方式提供各项生活的可能性。

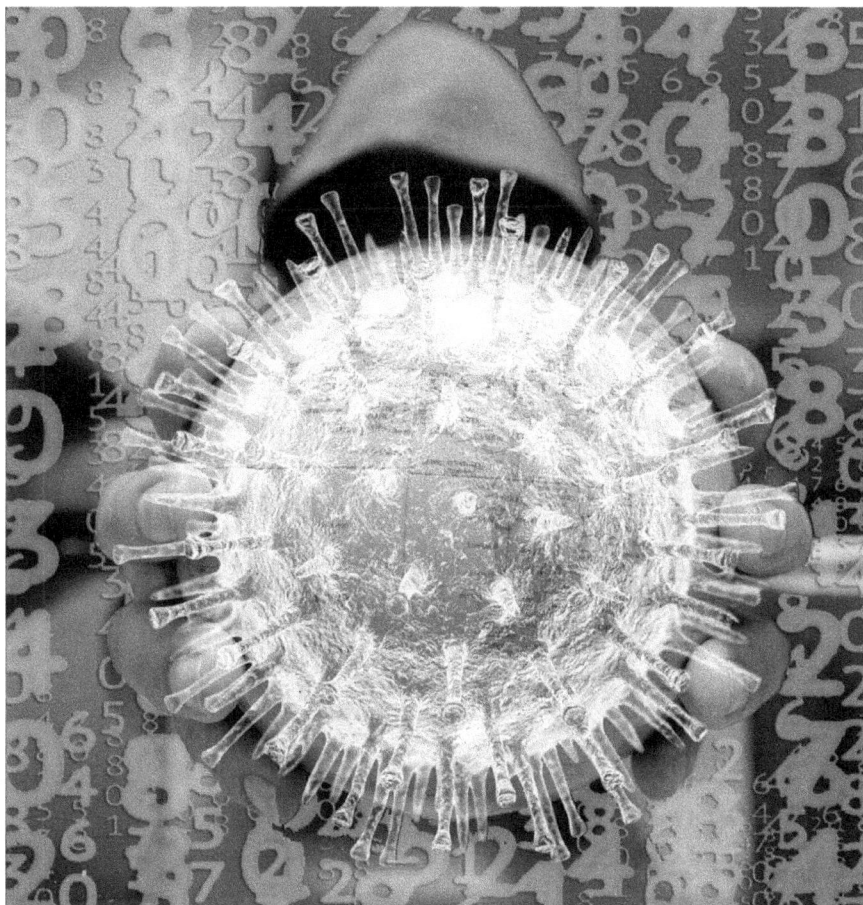

无处不在的数字社交和通信引发了对数字媒体使用的监管方面进行深入研究的必要性，包括它们对政治、新闻、公共服务、娱乐、游戏、电子商务、教育、医疗保健、科学或医疗传播以及其他领域的影响。

(原载 https://aacs.website/wp-content/uploads/2021/09/CNAACSNL9.6.21.pdf)

25. 新型冠状病毒时期的活动

信不信由你，在新型冠状病毒时期，人们仍然可以做各式各样的事情。户外活动显得更具吸引力，因为露天可以稀释病毒颗粒。另一方面，如果知道如何保持安全和警惕，室内也可以提供有趣的活动。已接种疫苗的人可以返回许多室内和室外活动，而不会受到感染和患重病的风险。

梅奥 Mayo 诊所和许多网站列出了新型冠状病毒时期可做的户外活动，它们与平时没有太大区别：

- 步行、跑步和远足；
- 溜旱冰和骑自行车；
- 钓鱼和狩猎；
- 打高尔夫球；
- 种植花园；
- 攀岩或攀冰；
- 划艇、独木舟、潜水、划船或帆船；

- 滑雪；
- 溜冰；
- 单板滑雪；
- 雪橇；
- 雪鞋行走；
- 健身课程；
- 野餐；
- 农贸市场；
- 免下车电影；
- 餐厅露台用餐；
- 野营；
- 游泳池和海滩； （水本身不会传播 COVID-19 病毒。）
- 烧烤、篝火和户外聚餐；
- 体育/体育赛事。

在室内，也可进行许多活动：

- 给家人和朋友写信；
- 写作；
- 看电影；
- 看电视节目；
- 学习新技能；
- 学习新乐器；

- 学习新语言；
- 阅读；
- 冥想；
- 照顾自己的健康；
- 美化自己；
- 整理家居用品；
- 工艺美术；
- 棋盘游戏；
- 视频游戏；
- 室内运动和舞蹈；
- 烹饪；
- 烘烤；
- 料理食品和饮料；
- 听音乐；
- 针织或钩编；
- 装饰；
- 聊天（虚拟或非虚拟）；
- 改造项目；
- 合唱；
- 睡眠、休息和放松；
- 规划未来。

尽管我们还不能完全摆脱病毒的流行，但仍然必须充实地生活，充分利用日常生活的任何情况，并拥抱随时可以享受的每一天。请记住，为了全，我们采取缓解措施。在任何活动或日常活动中都要小心谨慎。保持安全并保持生产力。

尽管我们还不能完全摆脱病毒的流行，但仍然必须充实地生活，充分利用日常生活的任何情况，并拥抱随时可以享受的每一天。

(原载 https://aacs.website/wp-content/uploads/2021/10/CNAACSNL10.9.21.pdf)

26. 新型冠状病毒时期对网络攻击的抵御

新型冠状病毒时期不仅带来了技术使用的需求增加，还带来了层出不穷的网络安全攻击事件。 Govtech 报告了有关网络攻击的严重程度：

• Bizjournals.com："新型冠状病毒流行期间网络攻击呈上升趋势"

• 政府技术："新型冠状病毒如何造成数据泄露？"

• BBC："冠状病毒：工作情况将如何永远改变"

• Interpol.int："INTERPOL 报告显示新型冠状病毒期间网络攻击的速度惊人"

• Techxplore.com："随着流行病的加剧，勒索软件激增危及医院运作"

• 美通社："顶级网络安全专家报告：自新型冠状病毒流行以来，每天发生 4,000 次网络攻击"

• ZDNet："新型冠状病毒流行带来一系列非凡的网络安全挑战"

• 海事执行官："海上网络攻击增加 400%"

恶名昭彰的俄罗斯网络犯罪集团 Evil Corp 在数百家美国大公司中安装了勒索软件，削弱了医疗保健、金融、石油供应甚至政府机构的安全运作能力：

• CNA Financial 向邪恶网络黑客支付了 4000 万美元的赎金

• St. Joseph's Candler 勒索软件攻击

• JBS 网络攻击

在此期间，公众必须接受真确的信息和网络安全相关的教育以抵御恶意攻击。

从数据泄露到勒索软件，从在线欺诈活动到选举安全，新的挑战显示各个层面必须采取必要的预防措施。首先，人们必须明白自己需要预防什么；四种攻击方式如下：

• 网络安全攻击

• 无线安全攻击

• 恶意软件攻击

• 社会工程性攻击

无论网络攻击多么复杂，我们始终可以从本身开始实践安全的网络互动行为。

- 保护信息—备份文件。
- 仔细检查网站安全—仅登入安全网页。
- 保持软件和系统更新。
- 删除垃圾邮件。
- 禁用第三方组件以防止渗透。
- 仅浏览/点击受信任的网页/链接。
- 执行定期扫描和清洁。
- 使用身份验证、报告和信息一致性作业（DMARC）。
- 使用多重身份验证（MFA）。

从个人、社区、公司到政府，我们需要共同努力以提高对网络安全的认识。公司及社会组织需要执行以下操作：

- 制定网络安全政策
- 实施安全意识培训
- 安装垃圾邮件过滤器和反恶意软件
- 部署下一代防火墙（NGFW）
- 安装端点检测和响应（EDR）

无论做什么工作、或者如何工作，我们都要保持警惕。希望通过各方的努力，人们可以在新型冠状病毒时期间协力抵御网络攻击。

无论做什么工作、或者如何工作，我们都要保持警惕。希望通过各方的努力，人们可以在新型冠状病毒时期间协力抵御网络攻击。

27. 新型冠状病毒时期的教训

这一、两年实是艰辛和困难，人们经历了一场又一场的危机。新型冠状病毒的流行带来极大的政治和社会动荡以及前所未有的经济挑战。然而，危机也为个人成长、集体改善和全球警觉性的提升带来了绝佳的机会。在许多方面，新型冠状病毒时期是学习和改变的好时机。

在个人层面上，我们学到了很多关于生命中真正重要的人与事之相关的经验教训。在此期间，我们所珍视的人扮演着重要的角色。他们的支持让我们度过了困难时期，并减轻了因丧生、缺乏社交互动和有规律的日常生活而带来的痛苦。我们了解到健康是生命中最重要的事情。无论贫富，我们都面临着全球流行病的同样威胁，迫使我们更加仔细地审视自己的饮食、锻炼习惯或生活方式。我们学会顾虑自己的财务情况、事先为困境做好准备。我们学会

以不同的方式工作/教育自己，并依靠技术继续
于社区进行分享活动、传送关怀人间的信息。
我们被许多变化所淹没，但在最糟糕的情况下
幸存下来，并准备恢复世界。

　　危机也为个人成长、集体改善和全球警觉
性的提升带来了绝佳的机会。在许多方面，新
型冠状病毒时期是学习和改变的好时机。

在社会层面上，我们学会了快速行动和反应。学会相信科学，而不是轻易听信恐惧或事实伪造者的错误信息。经过一段时间的隔离后，我们学会了保持生产力。人们中断的群体活动或休眠并没有阻止我们以技术或数字世界为凭借成为朋友。我们学会借由缓解疫情措施之互动模式来继续实现我们的目标。我们拥抱自然世界，拒绝完全孤立或让孤独掌控生活。我们意识到需要全球关注或合作的某些问题的紧迫性：财富或种族的不平等、环境问题、危机应对协议及程序、科学研究投资以及致力于维持人类进步的导力。

"人类的记忆是短暂的，不存在眼前的事物会迅速被忘却和消失，"耶鲁大学医学传染病专家 Manisha Juthani 观察人性时有此说法。鼠疫在中世纪肆虐欧洲，各种病毒一次又一次地重新出现威胁着人类的生命。从人类历史和经验中学习而牢记教训是至关重要的。新型冠状病毒时期为世界敲响了警钟；我们绝不能回到旧常态，而是必须如同美国现任总统拜登先生所指出"将国家重建得更好"。我们必须记住，下一次、我们可能不会那么幸运，得以相

当有效地分发多种疫苗。想想世界上仍然需要
获得平等抗病资源的人们或地区。我们必须认
识到，单靠一己之力是打不赢、治不了疫情的。
人们的力量在于世界得以分享的善性或爱心：
关于人类生活、对于世界的学习和发现，以及
我们应该为未来重新思考和采取的道路皆必须
透过共有的使命感来达成。只有针对共同的目
标来努力，我们才能真正战胜危机、掌握机会
来建设一个更美好的世界。

28. 新型冠状病毒时期的民主社会

新型冠状病毒流行时期，许多人质疑民主原则，因为自由似乎在很多方面都受到"侵犯"：人们在疫情肆虐时必须呆在家里隔离、控制集会、戴口罩，并于进行社交活动时保持一定的距离，遵守限制性的旅行指南。人们的生活方式确实受到了影响。然而，草率地声称民主受到阻碍、人民失去自由是不必要的。在民主国家，公众的福利永远是最重要的；国家应该团结起来面对危机并做出及时有效的反应 —— 有时，某些牺牲乃在意料之中，是不可避免的。虽然某些腐败的政府可能会利用病毒流行来压迫平民或操纵信息，但真正的领导者始终可以遵守民主原则，以为人民的福祉和利益服务。

许多国家皆出现领导阶层崩溃的状况，社区封锁和病毒流行缓解措施导致权力或暴力的滥用，这些措施通过政治化和意识形态的宣传而实施。自由之家研究新型冠状病毒时期对民主和人权的影响。根据其针对 192 个国家的研究显示："新型冠状病毒流行正在加剧人类自由连续 14 年下降的趋势…。调查结果说明了对民主的攻击之广度和深度。"仔细看看美国境内 -- 作为领先世界的民主国家的美国，在前一届政府的领导下，由于有关病毒流行的可疑叙述和虚假信息，其国际地位下降。而在现任政府领导下，我们开始看到隧道尽头的曙光，国家也正朝着正确的方向发展。民主完好无损：证实民主制度可以为人民提供服务。

有趣的是，新型冠状病毒时期是否花费在专制威胁、骚扰或操纵的政治活动中，与一个国家的政治制度几乎没有重大关系。虽然威权主义者限制个人自由，但在这段时间里，他们并不是唯一做出艰难选择和决定的人；自由主义者也同样面临策略上的挑战。那么，民主能否在新型冠状病毒时期幸存下来，并为其人民提供民权，实现其原则上的目标：为所有人提供自由和正义 -- 一个民有、民治、民享的国家？对民主未来的猜测比比皆是。然而，侵犯民主价值观的情况并不一定会导致民主的失败或死亡。相反地，它预示着一个领导者如何在与病毒的战斗中运作可能输掉或赢得这场战斗，以及社会国家如何需求一个英明的领导者来带领而走出这个时期的阴影。此处之教训显而易见：无论在位掌权是何人、无论您支持哪种政治哲学，人们必须重新思考并始终牢记必要的制衡措施，以确保公众的福祉。

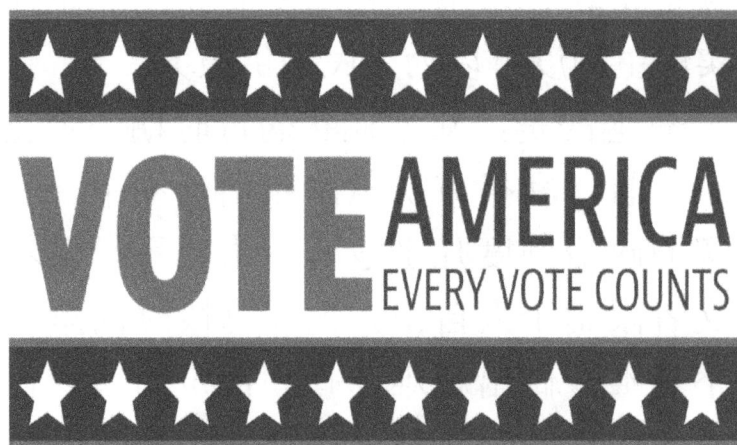

虽然某些腐败的政府可能会利用病毒流行来压迫平民或操纵信息，但真正的领导者始终可以遵守民主原则，以为人民的福祉和利益服务。

29. 为世界和平与增长共同努力

在审视世界问题的过程中，人们可以看出人类冲突、不人道、气候变化和资源配置的不平衡构成了阻碍世界和平与增长的关键因素。为应对相关挑战，世人必须共同努力，为世界持续发展和增长作出努力。聚集团结在一起意味着人们有能力将自己视为一个全球社区/地球村的公民而愿意为世界的美好前景做出奉献。

全球社会/地球村的概念历史悠远，乃为古代先知、诗人和理想家所确认的愿景。联合国于 1945 年第二次世界大战后成立，而其他世界联盟和网络也纷纷成立。最值得注意的是，国际人道主义组织、妇女和青年组织以及寻求贡献和支持世界和平与增长的个人皆不断增多。而通过先进的技术、新闻和互联网，有关全球社区/地球村的资讯和信息的流传也已经呈现空前的高效性。

世界比以往任何时候都更加紧密。但是，世界和平仍然是一项需要增进之工作。纵观实情，经济全球化使所有人受益，但经济大国之间的斗争造成人类冲突和严重的不平等。所有国家的人民都可宣称自己渴望世界和平，但世人之间的合作、协调、公开和诚实的沟通以及财富的再分配仍然有很多不足之处。

那么，世人能怎样聚集团结在一起来促进全球社区/地球村的和平和福祉呢？人们可以禁止大规模杀伤性武器，禁止向战争国家和地区出售武器，协调和分配资源，压制犯罪/侵犯人权之团体。但是，人们无法否认本身之自我保护和保护自身利益的基本本能。以此，为达成世人的文明和进步，每个人皆需认知其关键在于自我反思、自我批判和保持自力更生的能力，这些自我意识的培养便构成了全球文化能力和全球合作/协作的根源。自我意识、好奇心以及学习和成长的愿望，是人们需要与整个世界共同进行的内在转变。因此，极端或肆无忌惮的民族主义是世界和平与增长的障碍，是整个人道主意和博爱世人的克星。人们需要学习以鸟瞰的视角来识别盲点，从而实现世界和平与增长：对他人的恐惧感具有深远的负面影响，个人无法成长、世界前进的动力也会受到阻碍。

换句话说，有关种族、性别和社会/经济阶层的不平等是世界和平与增长的最终障碍。学习/接受世人或文化差异、并庆贺人心普遍同感性的存在可以使世界向前发展，同时也得以保持对自己国家和文化的荣耀感。透明度和责任制可以带来正义和繁荣。当更多的人变得具有全球文化能力时，世人可从努力解决冲突到改善人们在自己选择的环境中的生活方面取得进展。由此，所有的人便可以实现真正的自由与和谐。

"Think Global Live Noble 思考在全球，
生活要崇高！"-- 让我们一起构建美好的世界!

(原载全球文化能力再论
2019, 中文版)

30. 我们准备好应对下一次病毒流行了吗？

世界卫生组织于 2020 年 3 月 11 日宣布新型冠状病毒为全球流行病。当学习掌握应对这种冠状病毒的措施和治疗方法时，我们非常清楚危机并还没有结束，未来还会有其他病毒再次崛起威胁人类。我们准备好应对下一次灾难了吗？除了公共卫生问题和科学/医学解决方案之外，我们意识到国家和国际政府内部的领导或协调之间的缺失可能会造成大量伤害和损害。要为任何紧急情况做好准备，解决低效问题并改革危机应对流程是至关重要的。

也许让人们为灾难做好准备的最有效方法是在平时教育他们有关健康和生存的技能、为家庭福祉进行必要的准备，以及知晓时势并避免采信错误的信息。同样重要的是进行持续的医学研究和开发，并在这些领域获得公众的信任和投资。在个人层面，人们需要在财务、精神和后勤方面进行组织，以应对生活中不可预见的干扰；在社会层面，群体需要建立合作关系，以便迅速开展各项应对行动。专家还提出应对下一次病毒流行的策略：使用现有系统来识别威胁，例如观察名单、响应网络和应急管理系统；告知、准备和指导公众；协调医疗保健提供者、政府和家庭之间的努力；简化运营并控制基础设施/供应链；适应新常态并在此基础上再接再厉。

新型冠状病毒时期确实需要如同作战期间的努力作业。病毒流行后的世界需要继续努力改善和革新。在病毒流行期间如果没有全球合作，任何国家都无法生存和繁荣。人们需要一个更好的计划并为物资、设备、公众意识、平等获取资源的管道做好准备。人们可以开始修复破碎的、以利润为导向的医疗保健系统，教育我们的人民，培养不仅可以为自己思考，而且可以为他人着想的负责任的公民。是的，我们可以做好准备 -- 如果一起努力，我们将可以达成任何任务和目标。

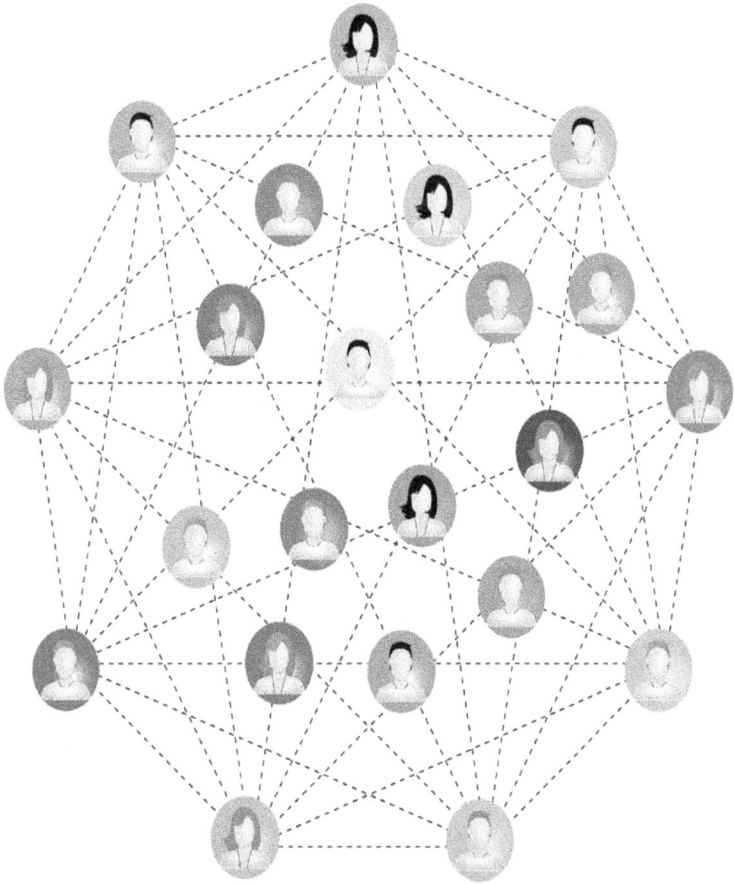

在个人层面，人们需要在财务、精神和后勤方面进行组织，以应对生活中不可预见的干扰；在社会层面，群体需要建立合作关系，以便迅速开展各项应对行动。

附录

国家多元化的优势

移民问题点燃的情绪极为复杂，最近的政治风潮以及世界整个历史皆历历可见。许多政治家如唐纳德·川普（Donald Trump）在观念偏差之际，反而能操纵选民情绪而获得支持。

事实上，如同 Ted Widmer 在《纽约时报》（2015 年10 月）所作的申明，历史明确提供了移民的相对成本和效益。五十年前林登 · 约翰逊（Lyndon B Johnson）在纽约自由女神像之旁签署了《移民和归化法》，使美国更加强大。1965年随后移民美国的人次为 59,000,000, 其中四分之三的人来自拉丁美洲和亚洲。

新移民的人潮促进美国繁荣的程度是 1965 年代难以想象预期的。1990 年和 2005 年期间电子科技的发展日新月异，而此数据时代美国公司的创立人有２５%是在外国出生的。

根据 2010 年的人口普查统计，一半以上的矽谷（Silicon Valley）技术人员为亚裔美人。Google 是由苏联移民 Sergey Brin 成立的。美国联合航空公司的新总裁是美籍墨西哥人。诸多的印度裔美国人也已成为其他主要美国公司的首席行政人员，包括 Ado-be Systems、百事可乐、摩托罗拉和微软。

1965 年以来移民促成国家改进的例子比比皆是。杰出艾滋病研究员 David Ho，是 12 岁时从台湾来的。印裔航员 Kalpana Chawla 丧生在哥伦比亚号灾难事件中，对航天事业的贡献是不可漠视的。此外，美国文化在音乐、艺术、美食、和其他层面皆显得丰富而多元化。仔细审议 1965 年的移民法，我们将不难察觉，美国在愿意开放边界障碍的同时已成为一个更美好的国家。

林登·约翰逊在1965 年10 月 3 日
签署《移民和归化法》

　　《移民和归化法》开驮美国真正的新边疆，使之年轻而多样化、符合国家真实的理想。另一方面就保守的立场来看，美国国家安全也无疑因而增强。1965 年以后，大量的移民和他们的子女加入美国武装部队，不同族裔构成的美军理当更为强壮。

　　（原载：http://www.aacs.website/wp-content/uploads/2015/07/AACSNLcn11.112.pdf；首印于亚洲智识与全球文化能力， 2017）

《不亡之我》讨论

一位读者曾反应，阅读《不亡之我》是提升全球文化的一种练习。我很欣赏这位读者的观察，并确认《不亡之我》、《亚洲智识与全球文化能力》、以及《全球文化能力再论》所收集的文章皆具有类似的目的：审查关于文化多样性和文化能力的议题。因此，我在本书后附上有关《不亡之我》的讨论题，希望能再次探索重要的主题并引发更多的讨论和回响。

《不亡之我》讨论例题

1．你认为作者 "虚构的回忆录" 多属虚构小说或真实自传？这本书在何种层面上已跨越了文学种类的分界线？

2．故事开始时，主角似乎处于情绪激动的状态，从叙述她在纽约的经验到现今的生活，然后又反复到过往的场景。这样的开场方式有何目的？请审查主角/"故事讲述人" 的心态，"意识流" 的手法是否成功地引带出她的故事？

3．哈利是什么类型的人物？当故事讲述人提及她必须教导别人如何对待自己时，是否意指哈利这个角色，以及她的继子、继女、学生等等？还有什么其他的人可能包含在该列表中？

4．你认为 Avery 这个人物的发展完全吗？她在这个故事中做了些什么样的改变？学到了什么样的教训、增长了什么样的智慧？她的孤立是自己有意造成的吗？她与夫婿契合吗？他们所有的是真爱?还是另一种令人困惑的情结？

5．Tim Rosenberg 是什么类型的人物？Abbey 呢？他们有何相似或不同处？为什么这两个男人成为 Avery 生命中最重要的具有影响力的人？

6．您认为自己可以真正同情 Avery 的移民生活和经验吗？根据自己的文化环境和成长过程，您可以想象 Avery 为了在美国社会找到生存缝隙的处境和际遇吗？

7．您同情来自外国的居民或移民吗？他们是否都应该回到自己的国家去，避免在美国的竞争环境中生活？Avery 的移民经验是否教了您一些什么？

8．您最喜爱这本书中的哪一部分？为什么？

9．此书列举了许多世界国家之间的异同。比较并对比。列出您的想法。

10．此书的序言和结语绘制了相同的追求梦想和生命实现的主题。虽然序言和结语采用的是同样的文本，但所涉及的含义已有所变化。请说明。

(首印于<u>亚洲智识与全球文化能力</u>，2017)

感谢您的阅读！

亲爱的读者，

　　希望您喜欢《全球文化能力再论》所收集的文章。在强调并集中讨论全球文化能力的同时，我希望人们对于文化的多样性培养出容忍度和欣赏力，从而提高全球文化能力的意识。这本书是我实现任务的起始点。放眼全球各国，我不断地探索人类议题，希望从学习中自我反思，进而启发世人对世界社区/地球村的关心度。

　　我会不断地学习，计划持续观看人世，描写世界的各个层面。这复杂又美丽的世界提供我们的是无穷无尽的探讨空间，因此我们必须尽力在有生之年充实学习、永不怠懈。

　　最后，请您提供回馈。您的意见是最宝贵难得的。作为读者，您有权发表意见，并加入改造世界，使世界更美好的文化阵容。 以下是您可提供反馈的网站：

http://amazon.com/author/aliciasulozeron
http://www.aacs.website/en/membership/featured
https://www.facebook.com/people/Alicia-Lozeron/100013834032346
https://www.facebook.com/aliciasulozeron
http://www.aliciasulozeron.com/

请表达您的意见。再次感谢您。期待即时阅读您的评论。

Alicia Su Lozeron

苏明采敬上

全球文化能力再论

作者: Alicia Su Lozeron 苏明采

作者简介

**全球文化能力导师|亚美合作协会
创办人|作家|持照英文、中文老师|
大学英文客座讲师**

思考在全球，生活要崇高

Alicia Su Lozeron 苏明采早年便出版有多篇新闻/杂志文章和短篇故事。她持有国立清华大学文学硕士学位以及纽约市哥伦比亚大学英文和比较文学硕士学位，现任内华达州、亚利桑那州、德州等之美国持照英文及中文教师、并兼任大学英文客座讲师。通过其写作生涯以及在美国创办的通讯管理/旅游咨询公司、亚美合作协会，她的任务和使命在于提高人们对全球文化能力的意识，并且连接世界文化，反映各地重要的经济和文化贡献。《全球文化能力再论》所收集的文章讨论许多文化互动的议题和经历，显示她一生事业的基础和其他作品的根源。她的第一部小说/虚构式自传《不亡之我》描绘了世界旅行家兼移民美国亚裔妇女 Avery Mingli Liang 的一生。这虚构又真实的世界充满了现代和全球性的共鸣；书中探讨许多主题：疏离、孤立、自我怀疑、自我发现、复杂的爱情和婚姻、生命实现和生活幸福、人类平等、文化多样性、种族歧视、种族融合等等。其细微但激情的详细人生写照借由书中诸多人物和场景而呈现，作者所引发的崇高人道思想、极为公正、发人省思。

Alicia Su Lozeron 苏明采
亚美合作协会
思考在全球，生活要崇高
电话：702-505-9506
电子邮件：aliciasulozeron@gmail.com;
info@aacs.website

    以下是读者或客户自苏老师作品中所得的益处:

•帮助我克服种种困难或恐惧，并以正面的沟通方式来建立人际关系;

•帮助我理解不同背景的人，并扩展有关世界的知识;

•帮助我了解不同种族或混合式的家庭关系;

•帮助我在面对生命重要议题时，品尝复杂的情感和情绪;

•帮助我获得阅读的乐趣;

•帮助我认识做人处事的观点 -- 希望、勇气 和对他人的尊重;

• 帮助我提高全球文化能力；

• 帮助我培养一种良好的全面性全球展望观；

• 鼓励我提倡开放/公正的社会；

• 敦促我发展多元化的观点来观察大世局；

• 帮助我加强表达真爱的能力；

• 帮助我减少冲突，学习以信任的态度来解决世人分歧...。

"Think Global Live Noble 思考在全球，生活要崇高！" -- 让我们一起构建美好的世界!

详情请见以下网站：

https://www.linkedin.com/in/alicia-su-lozeron

http://www.aliciasulozeron.com

http://amazon.com/author/aliciasulozeron

http://www.aacs.website/en/services/authors-and-books

https://www.facebook.com/aliciasulozeron

https://www.facebook.com/people/Alicia-Su-Lozeron/100013834032346

http://www.aacs.website

https://www.facebook.com/aacs.website

https://twitter.com/AliciaSuLozeron

www.ingramcontent.com/pod-product-compliance
Lightning Source LLC
Chambersburg PA
CBHW080757300326
41914CB00055B/925